江西财经大学财税与公共管理学院
财税文库

深港河套地区
创建全球科技创新中心
税收政策研究

伍红 王乔 黄瑶妮　著

中国财经出版传媒集团
经济科学出版社
Economic Science Press

图书在版编目（CIP）数据

深港河套地区创建全球科技创新中心税收政策研究/伍红，王乔，黄瑶妮著.
—北京：经济科学出版社，2020. 11
ISBN 978 - 7 - 5218 - 2128 - 4

Ⅰ.①深… Ⅱ.①伍… ②王… ③黄… Ⅲ.①科技中心-税收政策-研究-深圳
Ⅳ.①G322. 653 ②F812. 765. 3

中国版本图书馆 CIP 数据核字（2020）第 238893 号

责任编辑：顾瑞兰
责任校对：齐　杰
责任印制：王世伟

深港河套地区创建全球科技创新中心税收政策研究
伍　红　王　乔　黄瑶妮　著
经济科学出版社出版、发行　新华书店经销
社址：北京市海淀区阜成路甲 28 号　邮编：100142
总编部电话：010-88191217　发行部电话：010-88191522
网址：www. esp. com. cn
电子邮箱：esp@ esp. com. cn
天猫网店：经济科学出版社旗舰店
网址：http://jjkxcbs. tmall. com
固安华明印业有限公司印装
710×1000　16 开　12 印张　200000 字
2020 年 11 月第 1 版　2020 年 11 月第 1 次印刷
ISBN 978 - 7 - 5218 - 2128 - 4　定价：60. 00 元

总　序

　　习近平总书记在哲学社会科学工作座谈会上指出，一个国家的发展水平，既取决于自然科学发展水平，也取决于哲学社会科学发展水平。坚持和发展中国特色社会主义，需要不断在理论和实践上进行探索，用发展着的理论指导发展着的实践。在这个过程中，哲学社会科学具有不可替代的重要地位，哲学社会科学工作者具有不可替代的重要作用。

　　习近平新时代中国特色社会主义思想，为我国哲学社会科学的发展提供了理论指南。党的十九大宣告："经过长期努力，中国特色社会主义进入了新时代，这是我国发展新的历史方位。"中国特色社会主义进入新时代，意味着近代以来久经磨难的中华民族迎来了从站起来、富起来到强起来的伟大飞跃。新时代是中国特色社会主义承前启后、继往开来的时代，是全面建成小康社会、进而全面建设社会主义现代化强国的时代，是中国人民过上更加美好生活、实现共同富裕的时代。

　　江西财经大学历来重视哲学社会科学研究，尤其是在经济学和管理学领域投入了大量的研究力量，取得了丰硕的研究成果。财税与公共管理学院是江西财经大学办学历史较为悠久的学院，学院最早可追溯至江西省立商业学校（1923 年）财政信贷科，历经近百年的积淀和传承，现已形成应用经济和公共管理比翼齐飞的学科发展格局。教师是办学之基、学院之本。近年来，该学院科研成果丰硕，学科优势突显，已培育出一支创新能力强、学术水平高的教学科研队伍。正因为有了一支敬业勤业精业、求真求实求新的教师队伍，在教育与学术研究领域勤于耕耘、勇于探索，形成了一批高质量、经受得住历史检验的成果，学院的事业发展才有了强大的根基。

为增进学术交流，财税与公共管理学院推出面向应用经济学科的"财税文库"和面向公共管理学科的"尚公文库"，遴选了一批高质量成果收录进两大文库。本次出版的财政学、公共管理两类专著中，既有资深教授的成果，也有年轻骨干教师的新作；既有视野开阔的理论研究，也有对策精准的应用研究。这反映了学院强劲的创新能力，体现着教研队伍老中青的衔接与共进。

　　繁荣发展哲学社会科学，要激发哲学社会科学工作者的热情与智慧，推进学科体系、学术观点、科研方法创新。我相信，本次"财税文库"和"尚公文库"的出版，必将进一步推动财税与公共管理相关领域的学术交流和深入探讨，为我国应用经济、公共管理学科的发展作出积极贡献。展望未来，期待财税与公共管理学院教师，以更加昂扬的斗志，在实现中华民族伟大复兴的历史征程中，在实现"百年名校"江财梦的孜孜追求中，有更大的作为，为学校事业振兴做出新的更大贡献。

江西财经大学党委书记

2019 年 9 月

前　言

2017 年初，香港特别行政区政府和深圳市人民政府正式签署《关于港深推进落马洲河套地区共同发展的合作备忘录》，同意共同在落马洲河套地区打造"港深创新及科技园"，并建立"深港科技创新合作区"。2018 年，深圳市第六届委员会第九次全体会议上明确在"率先建设社会主义现代化先行区"的指导下，深圳提出了建设创新引领型全球城市的目标，分三步走：第一步，到 2020 年，深圳将基本建成现代化国际化创新型城市，高质量全面建成小康社会；第二步，到 2035 年，建成可持续发展的全球创新之都，实现社会主义现代化；第三步，到本世纪中叶，建成代表社会主义现代化强国的国家经济特区，成为竞争力影响力卓著的创新引领型全球城市。如何构建适应河套地区科技创新集聚效应发挥的制度架构、发挥科技引领与创新的示范作用，是决策者需要考虑的重大问题。税收是国家治理的基础与重要支柱，税收制度在制度架构中占有关键性地位。因此，如何创新河套地区的税收制度，不仅是深港河套地区创建全球科技创新中心的前提和基础，也是充分发挥深港作为粤港澳大湾区枢纽城市的优势、创新合作机制、整合粤港澳大湾区的各类要素资源和平台载体的关键环节。

改革开放 40 余年来，深圳经济特区在中央的大力支持下，基于特区特殊的功能定位及自身经济发展的实际，积极主动、大胆创新、不断探索、改革和完善特区税制，率先推出 15% 企业所得税率，以"地产地销"政策为核心，大幅度减免工业企业流转税，鼓励高新技术产业发展"22 条"，减免进口货物、物品关税，以及施行特别的关税制度，逐步形成了从企业创新、研究开发、成果转化和产业聚集等环节全覆盖的税收优惠政策。从理论角度来看，税收优惠政策可从影响企业成本、增加企业收益、降低研发活动风险、促进资金投入等方面激励企业增加研发投入，鼓励研发人员进行创新活动并获取更高的收益。当前，深圳高新技术产业已完成"深圳加工—深圳制造—深圳创造"的产业跨越升级，实现了从模仿创新向自主创新、从要素驱动到创新驱动的历史性转变。从实践角度来看，高新技术产业已成为深圳经济第一增长点和第一大支柱产业，同时，产学研合作中高度重视创业孵化，大量国内先进科技成果是通过到深圳创业孵化的形式实现产业应用的，并且深圳创投行业在投资金额和投资项目上呈双增长，而这些成就都离不开税收政策提供的巨大支撑。从实证角度来看，利用深圳市近 10 年的时间序列数据，采用协整分析和格兰杰因果分析相结合的方法，分别实证检验创新财力投入水平、创新人力投入水平、创新载体投入水平和地区宏观税负水平对深圳市创新产业价值实现水平的影响作用。研究发现：深圳市新兴产业增加值持续增长、创新环境不断优化，深圳市不断增加的创新财力投入有利于提升新兴产业增加值，深圳市增加创新载体的投入可显著提高新兴产业增加值水平，深圳市降低地区宏观税负水平可显著提升新兴产业增加值的增速，深圳市创新人力投入对新兴产业增加值的促进作用有待加强。本书还采用系统动力学方法在相关假设的前提下完成深圳市税收政策的科技创新效应模拟。模拟结果显示：对 R&D 人员的影响效果为个人所得税率优惠＞企业增值税率优惠＞企业所得税率优惠；对 R&D 内部支出的影响效果为企业增值税率优惠＞企业所得税率优惠＞个人所得税率优惠；对专利申请量的影响效果为企业增值税率优惠＞个人所得税率优惠＞企业所得税率优惠；对新产品销售收入的影响效果为企业增值税率优惠＞个人所得税率优惠＞企业所得税率优惠。就促进科技创新投入而言，个人所得税率优惠的效果最好；促进科技创新产出方面，则增值税率优惠政策效果最好。通过对深圳市税收优惠政策的科技创新效应模拟，可以得出以下结论：第一，税收优惠政策对科技创新的促进作用具有一定的时滞性，尤其是对创新的经济产出、新产品的销售收入时滞性较长。个人所得税税收优惠政策、增值税税收优惠政策、企业所得税税收优惠政策对新产品销售收入影响效果的显著性最低，说明当前科技成果转化效率不高，深圳市在促进科技创新方面需要重点关注科技成果的转化问题。第二，单一的税收优惠政策中，个人所得税率优惠促进科技创新投入的效果最好，企业增值税率优惠促进科技创新产出的效果最好。因此，单一的税收优惠政策无法使得创新投入和产出均达到最优，需要考虑组合方案。第三，组合方案中采取个人所得税和企业增值税税率优惠的效果最好，能够使得创新投入和产出均得到有效提升。

本书还借鉴了美国、日本、新加坡、韩国等国家建设科技创新中心的成功经验。研究发现：新设企业和中小企业是科技创新发展的新生动力以及竞争性市场健康发展的必要条件，应充分发挥企业创新主体作用，重点扶持中小科技型企业发展；不断优化政府服务，政府的工作重心逐渐转向为科技创新提供有效服务，如发展电子政务系统、健全知识产权保护体系、完善金融服务体系、方便企业融资贷款等，构建更加完善的创新生态系统；区分产业创新链条的三个阶段来制定不同的税收优惠政策，重视税收优惠政策的系统性，积极培育产业创新链条；坚持开放创新理念，积极融入全球创新网络，以促进科技创新的发展。

基于本书的研究，要在河套地区实现深港科技创新深度融合，应谋划好适应河套地区科技创新集聚效应和协同效应发挥的顶层设计及实施路径，以"制度创新"替代"制度优惠"，充分发挥税收力量助推河套地区全球科技创新中心的创建。要从机构设置、制度供给、配套服务及营商环境等方面探索实现资本、人才、科研物资、信息技术等要素自由流动的创新机制。首先，专业化税收合作协调机构，推动深港两地政策衔接。其次，完善产业导向型税收政策，进一步释放政策红利。包括突破制度障碍，充分挖掘深港各要素应用中的优势互补；推进关税协调，探索区域内货物贸易的自由流通前置优惠环节；强化流转税激励效应，助推科技成果转化形成产业优势，激励企业在研发产出后进行商业化运营；突出企业主体，加大创投企业及初创型企业的政策扶持力度；打造人才高地，以税收优惠吸引国内外高端人才。再次，提升一体化税收管理服务水平，加强跨境税收征管协调。最后，打造与国际接轨的营商环境，对接全球创新网络。

目　录

第一章

绪　论

第一节　研究背景

21世纪以来，全球科技创新竞争空前激烈，新一轮的科技革命和产业革命正在发生，带来了前所未有的挑战和机遇。2012年11月，党的十八大明确提出"科技创新是提高社会生产力和综合国力的战略支撑，必须摆在国家发展全局的核心位置"，强调要坚持走中国特色自主创新道路、实施创新驱动发展战略。国与国综合国力的竞争，已经在向科技创新迁移，只有抢占了科技制高点，才更可能在创新驱动发展进程中谋得发展先机，才能够提升综合国力，在国际竞争中脱颖而出。2017年10月，党的十九大报告提出"创新是引领发展的第一动力，是建设现代化经济体系的战略支撑"。

深圳是我国最早的经济特区之一，也是第一个国家创新试点城市。1985年，由深圳市政府和中国科学院共同创办的深圳科技工业园是我国第一个科技工业园区。1991年，经国务院批准，深圳科技工业园成为首批国家级高新技术产业园区，深圳的创新能力排名全国第一。进入新时代，全球经济技术程度在不断提升，一个国家技术创新水平与区域技术创新能力密切相关。经济全球化呈现出显著的区域化特征，区域经济在新的全球环境下扮演着重要的角色，培育良好的区域科技协同创新体系已经成为当今世界各国和地区推动科技进步和创新发展的核心任务，成为各国和地区影响世界政治经济体系的重要战略手段。美国拥有以硅谷为中心的旧金山湾区城市群、以波士顿为科技创新中心的美国东北部大西洋沿岸城市群，日本以东京湾为中心构建太平洋沿岸城市群，欧洲拥有以伦敦创新中心为核心的城市群、以巴黎为中心的欧洲西北部城市群等，区域化已成为当今世界经济发展的重要趋势。完善而又充满活力的区域创新系统不仅是区域经济社会发展的根本保证，也是国家和区域在国际上赢得竞争优势的决定性因素。

2019年2月18日，中共中央、国务院颁布了《粤港澳大湾区发展规划纲要》，内容包括了金融、保险、人民币、交通、通信、产业发展、知识产权等多个方面，粤港澳大湾区的战略定位之一是打造具有全球影响力的国际科技创新中心。2019年8月18日，《中共中央国务院关于支持深圳建设中国特色社会主义先行示范区的意见》（以下简称《意见》）正式发布，支持深圳高举新时代改革开放旗帜，建设中国特色社会主义先行示范区。《意见》再次赋予深圳以特殊使命，明确了深圳先行示范区作为高质量发展高地、法治城市示范、城市文明典范、民生幸福标杆、可持续发展先锋的战略定位，这对深圳的创新发展提出了更高的要求。2017年初，香港特别行政区政府和深圳市人民政府正式签署《关于港深推进落马洲河套地区共同发展的合作备忘录》，同意共同在落马洲河套地区打造"港深创新及科技园"，这是继前海之后的深港第二个重要合作平台，双方同意除共同发展"港深创新及科技园"外，香港也支持深圳在深圳河北侧发展科技创新，共同建立"深港科技创新合作区"，将在深圳和香港地区建立起河套地区的科技创新走廊，寻找推进"一带一路"和对外开放、建立创新型国家和增强国际竞争力、深化供给侧结构性改革和实现区域一体化的战略发展联结点。未来，如何通过深港科创合作打造特色发展平台、构建适应河套地区科技创新集聚效应和协同效应发挥的制度架构，是决策者需要考虑的重大问题。税收制度在其制度架构中占有关键性地位，因此，对河套地区如何设立和创新税收制度，将是深港河套地区创建全球科技创新中心的前提和基础。

第二节　国内外文献综述

一、湾区经济相关研究

"湾区经济"概念源于美国旧金山湾区，在推动技术创新以及带动经济区域发展方面具有突出作用，因而学术界的专家和研究人员对此十分关注。目前，围绕生态、经济、社会发展等多维度建设，基本形成了旧金山湾、纽约湾、东京湾三个著名湾区，是全球最具有影响力的三大湾区，它们文化开放、产业发达、区域协同，代表着成熟湾区经济发展的方向。

国外有关湾区经济的研究文献主要以三大湾区为研究对象，对湾区内的产业转移、城市发展、科技进步、制度结构及其一些特定领域的问题进行研究。塔特苏亚·阿卡雅玛（Tankeshi Arai，2004）在研究中，采用回归分析和判别分析两种统计分析方法，旨在建立一个能够描述每100平方米地块土地利用变化并有助于地方政府规划工作的土地利用模型，通过使用上述土地利用数据集，确定转换潜力的显著解释因素，以此探究东京湾区政府的土地利用规划以及东京湾区土地利用方式对生态环境的影响。① 对于湾区内经济发展状况表现优越的原因，不同的学者研究的角度不同。例如，沃克（Walker，2001）以旧金山湾区为主要研究对象，研究了湾区内的产业分工，并得出结论：湾区经济发展速度快的一个原因是制造业向湾区腹地转移。② 彼得·沃尔伯丁（Peter Volberding，2011）认为，湾区经济拥有一个庞大的出口驱动型市场，特别是强大的信息技术、生物技术和金融部门，凭借其创新、生产力和投资优势，实现了高度的全球化。③ 马卡伦（Makarem，2013）调查了1980~2010年旧金山湾区和南加州收入差距背后的制度背景和历史，认为近几十年来湾区经济表现非凡的"秘密"在于制度结构。④ 亚历克斯·沙弗兰（Schafran A.，2013）从人口、政策、资本等角度研究了旧金山湾区经济发展的机遇与挑战。⑤ 还有的学者发现了湾区经济发展过程中出现的一些不同寻常的现象。福曼等（Forman

① Tankeshi Arai, Tetsuya Akiyama. Empirical analysis for estimating land use transition potential functions-case in the Tokyo metropolitan region [J]. Computers, Environment and Nrban Systems, 2004.

② Walker R. Industry builds the city: the suburbanization of manufacturing in the San Francisco Bay Area, 1850–1940 [J]. Journal of Historical Geography, 2001, 27 (1).

③ Peter Volberding. Engaging regions in globalization: the rise of the economic relationship between the San Francisco Bay Area and China [J]. Berkeley Undergraduate Journal, 2011.

④ Makarem N P. Perceptions, relations and regional economic development: a case study of the Bay Area and Southern California [J]. Dissertations & Theses-Gradworks, 2013.

⑤ Schafran A. Origin of an urban crisis: the restructuring of the San Francisco Bay Area and the geography of foreclosure [J]. International Journal of Urban and Regional Research, 2013, 37 (2).

et al.，2016）分析了美国的发明专利在湾区高度集聚的趋势，认为湾区经济在科技创新层面的区位优势明显。^① 马卡伦（Makarem，2016）将研究的角度转向社会资本，发现社会资本被广泛认为是区域经济的重要方面，特别是社会网络已成为经济社会学和经济地理学的研究重点。在这项工作的基础上，马卡伦研究探索了社交网络在过去 30 年中加利福尼亚州两个非常发达的大都市区（洛杉矶和旧金山）在不同的经济命运中的作用，分别在 1982 年、1995 年和 2010 年三个不同时期对这两个地区的工业社会结构的代表进行了构建和分析，发现了社会网络在旧金山湾区经济发展中的特殊作用，并认为旧金山湾区正逐步向更高层级的区域经济体转变，并且离不开社会网络结构理论的内在支撑。^②

国内对于"湾区经济"的研究晚于国外，关于"湾区经济"的概念最早是由香港科技大学的吴家玮教授提出来的，他根据在美国旧金山湾区的生活经历以及湾区的发展经验，于 1994 年首次提出了建设"香港湾区"的设想，之后，国内更多的学者便围绕此进行相关的研究探索。

国内关于"湾区经济"，主要是从经济学和地理学两个角度进行定义。李红（2009）指出，湾区经济发展研究属于海洋区域经济学的范畴。湾区经济围绕一个虚拟的中心及现实的沿岸城市，在集中的同时也在不断地分化，湾区经济具有两个特征：一个是多核分化竞争，另一个是跨境集聚整合。^③ 陈德宁等（2010）认为，湾区是指围绕沿海口岸分布的众多海港和城镇组合而成的港口群和城镇群。^④ 李睿（2015）指出，湾区经济不能仅从地理学角度分析，他将湾区经济的研究定义为都会区和产业群的叠加。湾区经济相比传统的城市群经济，既有普通城市群的特点，还有其因为靠近海洋而产生的运输成本优

① Forman C，Goldfarb A，Greenstein S. Agglomeration of invention in the bay area：not just ICT［J］. American Economic Review，2016，106（5）：146 – 151.

② Makarem N P. Social networks and regional economic development：the Los Angeles and bay area metropolitan regions，1980 – 2010［J］. Environment and Planning C：Government and Policy，2016，34（1）：91 – 112.

③ 李红．跨境湾区开发的理论探索：以中越北部湾及粤港澳湾区为例［J］．东南亚研究，2009（5）：54 – 59.

④ 陈德宁，郑天祥，邓春英．粤港澳共建环珠江口"湾区"经济研究［J］．经济地理，2010（10）：1590 – 1593.

势。沿海湾分布的城市形态也使得城市、区域间更可能依靠市场作用实现协同发展，是比简单的沿海经济和城市群经济更加高级的形态。① 马忠新等（2016）认为，从世界湾区经济的发展历程来看，湾区经济已经成为二战后国际经济中的一个新的亮点，湾区经济的主要特征包括创新性、宜居性、国际化与开放性。② 申勇等（2017）认为，湾区经济的形成可以分为三点：第一，共享湾区是湾区经济形成的基础条件；第二，对外开放是湾区经济形成的前提条件；第三，区域合作是湾区经济形成的实现条件。③

在对"湾区经济"进行定义的基础上，根据其研究对象不同，可以分为世界一流湾区经验的借鉴和发展国内湾区经济的探索性研究。世界一流湾区经验的比较分析与借鉴是湾区经济研究的一个重要方向。代表性的研究有：王建红（2008）提出了新型环渤海港口群的职能分工及战略构想。④ 刘艳霞（2014）对世界一流湾区的路径、策略和成功经验进行了比较研究。⑤ 鲁志国等（2015）的研究认为，国内城市在力推湾区经济发展时应充分发挥各自的区域特色并注重经济体制机制创新。⑥ 雷佳（2015）给出了实现更高质量发展的湾区经济路径选择。⑦ 李睿（2015）通过对世界一流湾区进行比较研究，阐述了湾区经济的内涵。⑧ 伍凤兰等（2015）研究了湾区经济的港口演进与港口经济、工业经济、服务经济、创新经济之间的关系。⑨ 还有不少学者以旧金山湾区为研究的对象，来进行经验的借鉴。例如，黎友焕（2019）认为，旧金山湾区经济的发展主要来源于政产学研协同创新，通过梳理旧金山湾区发展的成功经验为我国建设粤港澳大湾区提供了对策和建议。⑩ 樊明捷（2019）指出，

①⑧ 李睿. 国际著名"湾区"发展经验及启示 [J]. 港口经济，2015（9）：5-8.

② 马忠新，伍凤兰. 湾区经济表征及其开放机理发凡 [J]. 改革，2016（9）：88-96.

③ 申勇，马忠新. 构筑湾区经济引领的对外开放新格局——基于粤港澳大湾区开放度的实证分析 [J]. 上海行政学院学报，2017（1）.

④ 王建红. 日本东京湾港口群的主要港口职能分工及启示 [J]. 中国港湾建设，2008（1）：63-66.

⑤ 刘艳霞. 国内外湾区经济发展研究与启示 [J]. 城市观察，2014（3）：155-163.

⑥ 鲁志国，潘凤，闫振坤. 全球湾区经济比较与综合评价研究 [J]. 科技进步与对策，2015（11）.

⑦ 雷佳. 湾区经济的分析与研究 [J]. 特区实践与理论，2015（2）：101-104.

⑨ 伍凤兰，陶一桃，申勇. 湾区经济演进的动力机制研究——国际案例与启示 [J]. 科技进步与对策，2015，32（23）：31-35.

⑩ 黎友焕. 旧金山湾区政产学研协同创新对粤港澳大湾区的启示 [J]. 华南理工大学学报，2019（11）：1-11.

科技创新产业的快速发展是旧金山湾区跻身世界三大湾区的核心竞争力，湾区依靠其创新知识带动了区域内的协同。① 马忠新等（2018）从湾区制度—文化供给的角度出发，认为旧金山湾区的移民文化通过促进创新的方式影响湾区经济的发展，同时，旧金山湾区市场经济制度的不断完善为湾区带来"超额利润"，有利于要素资源的聚集。②

国内湾区经济研究的另一个重要方向是，以粤港澳大湾区等国内湾区经济为研究对象，对如何发展湾区经济进行探索性研究。代表性的研究有：李红（2009）首次提出了"跨境湾区"的概念，并在参与全球及区域经济一体化的背景下，研究了粤港澳大湾区和北部湾湾区的发展历程和脉络。③ 陈德宁等（2010）的研究以"金融危机"冲击为背景，认为粤港澳的发展应以"湾区"为载体，深化区域合作的层次，进而构筑和谐持续的经贸关系。④ 王宏彬（2014）认为，湾区经济是一种具有开放高效、创新活力等特征的独特空间组织和经济形态。⑤ 邓志新（2014）论述了深圳发展湾区经济和建立自贸区的必要性，并研究了湾区经济与自贸区经济之间的关系。⑥ 鲁剡歌（2014）认为，湾区经济拥有稀缺的生态资源，并因此集聚了人才、资金、信息等各种要素资源并具有外溢辐射功能。⑦ 查振祥等（2014）从产业角度研究湾区，认为湾区经济是由湾区内的高端产业和湾区腹地的配套产业合作形成的产业集聚经济模式。⑧ 陈晓丹等（2014）研究了世界一流湾区经济发展与生态建设的经验。⑨

① 樊明捷．区域协同：旧金山、纽约与东京湾区借鉴［J］．城市开发，2019（11）：39－41．

② 马忠新，申勇．发展湾区经济的制度—文化供给［J］．社会科学研究，2018（7）：11－18．

③ 李红．跨境湾区开发的理论探索：以中越北部湾及粤港澳湾区为例［J］．东南亚研究，2009（5）：54－59．

④ 陈德宁，郑天祥，邓春英．粤港澳共建环珠江口"湾区"经济研究［J］．经济地理，2010（10）：1590－1593．

⑤ 王宏彬．湾区经济与中国实践［J］．中国经济报告，2014（11）：99－100．

⑥ 邓志新．湾区经济发展战略下深圳自贸区的构建［J］．特区经济，2014（12）：15－17．

⑦ 鲁剡歌．湾区经济：揭示成熟城市形象的璀璨转型［J］．上海城市管理，2014（3）：80－85．

⑧ 查振祥，查理．深圳发展湾区经济路径研究［J］．深圳职业技术学院学报，2014（4）：29－31．

⑨ 陈晓丹，唐天均，车秀珍等．湾区经济视角下的深圳湾区环境提升策略研究［J］．特区经济，2014（12）：64－66．

吴思康（2014①，2015②）以深圳为例，分析了湾区经济的内涵、演变和路径选择。申勇（2015）研究认为，湾区经济应该在经济发展中起引领作用。③ 申勇等（2017）以上海杭州湾区和粤港澳大湾区为例，分析了我国构建湾区经济的优势和条件，提出以湾区经济引领构筑我国对外开放的新格局。④

二、粤港澳大湾区构建的相关研究

粤港澳大湾区包括香港特别行政区、澳门特别行政区和广东省广州市、深圳市、珠海市、佛山市、惠州市、东莞市、中山市、江门市、肇庆市（以下称珠三角九市），总面积5.6万平方千米，2017年末总人口约7000万人，是我国开放程度最高、经济活力最强的区域之一，在国家发展大局中具有重要战略地位。建设粤港澳大湾区，既是新时代推动形成全面开放新格局的新尝试，也是推动"一国两制"事业发展的新实践。粤港澳大湾区已成为时代热词，各个领域的专家学者也从多角度、多方面对此进行了研究与探索。关于粤港澳大湾区构建的相关文献，将从以下几个方面进行归纳总结梳理。

（一）粤港澳大湾区构建的重大意义

粤港澳大湾区发展，是中央在中国南部的又一重要发展举措，将有效促进全国协调发展，也将成为推进"一国两制"伟大实践继续向前的积极举措。中国国际经济交流中心常务副理事长张晓强指出，建设粤港澳大湾区具有其现实意义，推动粤港澳大湾区建设，既是粤港澳地区加快经济社会深度调整与转型、实现可持续发展的需要，也是助推国家提高全球竞争力和影响力的客观要求。⑤ 许多学者在对粤港澳大湾区的研究中也都肯定了其构建的重大意义。黄晓慧等（2016）从"一带一路"倡议背景出发，认为"21世纪海上丝绸之路"的倡议构想蕴藏了无限的机遇。粤港澳大湾区商业文化鼎盛，三地共同

---

① 吴思康. 发展湾区经济服务国家战略［N］. 深圳特区报，2014-04-23.

② 吴思康. 深圳发展湾区经济的几点思考［J］. 人民论坛，2015（6）：68-70.

③ 申勇. 海上丝绸之路背景下深圳湾区开放战略［J］. 特区实践与理论，2015（1）：12-15.

④ 申勇，马忠新. 构建湾区经济引领的对外开放新格局［J］. 上海行政学院学报，2017（1）：83-91.

⑤ 吴哲，苏力，吴钰. 粤港澳大湾区建设要借产业链布局打破行政区划掣肘［N］. 南方日报，2017-06-01（A13）.

培育出的大湾区国际都会圈旅游目的地既是文商旅融合发展的抓手，也是对接国家"一带一路"建设的龙头基地。同时她提出，旅游合作能避开政治意识形态差异，克服地缘政治影响，更容易达成共识，有效促进互信与文化融合，不失为稳定区域社会政治经济的一剂柔性良方。① 从基础设施建设角度出发，张玉阁（2018）认为，粤港澳大湾区的建立有助于推进基础设施互联互通，因为基础设施互联互通是大湾区建设的基本前提。其中，世界级空港群涉及空中航线的开拓，世界级海港群涉及远洋航线的整合；高通达性综合交通运输网的构建，以轨道交通为核心打造的通勤都会区都会是大湾区交通建设的重点，高铁、城轨、地铁的有机衔接也都将成为重中之重；面向"泛珠三角"区域的公路大通道建设，城市间交通衔接，口岸通关便利化等也将提上日程。② 郭楚（2017）认为，建设粤港澳大湾区将全面提升区内城市的地位和价值，香港将巩固其世界顶级城市的地位，广州和深圳将迈向世界级核心城市，而东莞、佛山、中山、珠海等城市的地位也将获得显著跃升。粤港澳大湾区建设还将以泛珠三角合作为重要区域，带动辐射作用覆盖内地九个省份和港、澳两个特别行政区，涉及拥有全国约 1/5 的国土面积、1/3 的人口和 1/3 以上的经济总量。③ 谭刚等（2019）更是提出，粤港澳大湾区不仅拥有完整的制造业产业链，更有敢于冒险和开放的移民文化和创新生态。如果通过广深港澳科技创新走廊的建设形成科创共同体，实现强强联合，完全有可能带动第四次工业革命。④ 顾文静等（2018）提出，若利用好金融、科技这一"引擎"，粤港澳大湾区的构建将会在相关领域和产业实现协同创新发展，这也对将粤港澳大湾区打造成为超越纽约湾区、旧金山湾区、东京湾区等世界级湾区来说至关重要。⑤

① 黄晓慧，邹开敏. "一带一路"战略背景下的粤港澳大湾区文商旅融合发展 [J]. 华南师范大学学报（社会科学版），2016（4）：106－110，192.

② 张玉阁. 粤港澳大湾区发展前景和推进策略 [J]. 紫光阁，2018（12）：51－52.

③ 郭楚. 描绘粤港澳大湾区合作宏伟蓝图 [J]. 发展改革理论与实践，2017（7）：4－8.

④ 谭刚，申勇，宋晓东，等. 粤港澳大湾区：新尝试、新实践、新愿景笔谈 [J]. 特区实践与理论，2019（5）：46－54.

⑤ 顾文静，刘楼. 金融、科技、产业融合，推动粤港澳大湾区经济发展——"2018 湾区经济发展国际论坛"会议综述 [J]. 广东财经大学学报，2018，33（5）：109－112.

（二）粤港澳三者关系及功能定位

粤港澳大湾区是一个空间地理的概念，对于粤港澳大湾区发展过程中"9 +
2"（珠三角九市、香港、澳门）如何紧密联动、又错位发展？特别是广州、
深圳、香港、澳门这四个中心城市，应当如何精准定位？这两个问题，各位专
家学者有各自的见解。吴克辉等（2015）在其研究中，以深圳、珠海和汕头
为对象，根据各自城市的不同经济发展状况分别探讨了其在粤港澳大湾区建设
过程中应承担的作用。① 在三者功能定位的研究方面，陈朝萌（2016）运用聚
类分析法和层次分析法分别构建分析模型，以研究湾区港口群的层次定位和功
能定位问题。研究表明，打造粤港澳大湾区，发展成为推进海上丝绸之路战略
的重要平台，其主要港口城市的定位是：深圳要成为战略支撑，广州定位为核
心枢纽，珠海定位为广东省的桥头堡、重要平台和战略支点，湛江定位为主要
节点和重要平台，惠州定位为桥头堡，汕头定位为"门户城市"，东莞（虎
门）定位为"先行市"。② 吴哲等（2017）提出，香港的"超级联系人"作用
是谁也取代不了，其国际自由港地位、营商便利程度、国际化专业人才，都有
自己的优势，特别是在人民币国际化进程中所发挥的国际金融中心作用；澳门
相对产业单一、体量比较小；广州作为省会城市，是最大的交通枢纽和商业中
心；深圳的创新改革有很大优势，以上四个城市，在特色上有所不同，张晓强
认为可以成为大湾区建设的"一环"中的"四极"。广东下一步发展，需要在
体制机制上有大胆的突破创新，即便在现有行政区划不变的情况下，也要通过
飞地经济等方式，借助产业链布局打破既有行政区划的束缚。③ 在构建粤港澳
大湾区产业科技创新体系中，陈广汉等（2018）指出，必须充分发挥湾区内
各地区和城市科研资源的优势，在优势互补和专业分工基础上，建立"香港、
广州知识创造—深圳知识转化—珠三角产品应用"的协调创新体系。展开来讲，
即充分发挥香港和广州人才培养和基础研究方面的优势，为大湾区国际科技创

① 吴克辉，周耀华. 新形势下广东经济特区的路径选择 [J]. 广东经济，2015 (6)：58 – 63.
② 陈朝萌. 粤港澳大湾区港口群定位格局实证分析 [J]. 深圳大学学报（人文社会科学版），
2016, 33 (4)：32 – 35，41.
③ 吴哲，苏力，吴钰. 粤港澳大湾区建设要借产业链布局打破行政区划掣肘 [N]. 南方日报，
2017 – 06 – 01 (A13).

新中心的建设提供智力支持，贡献知识生产的力量；充分发挥香港和广州人才培养和基础研究方面的优势，为大湾区国际科技创新中心的建设提供智力支持，贡献知识生产的力量；充分发挥珠三角在产业体系和智能制造方面的优势，依托高新技术产业开发区、高技术产业基地和各地特色产业园区现有基础，承接以深圳为核心的科技成果转化，实现最终的产品应用和开发产品。[①]在战略定位上，毛艳华等（2018）指出，在国家"双向"开放、"一带一路"建设和实现经济发展方式转变的战略背景下，重新定位港澳珠三角地区的功能角色具有重要的战略意义。粤港澳大湾区发展要有更高的战略定位，要成为高水平开放的引领者、新经济发展的策源地和合作机制创新示范区。[②]

（三）粤港澳大湾区建设的优劣势分析

经过近40年的合作发展，粤港澳大湾区已成为中国开放程度最高、经济活力最强的区域之一，无论是经济规模、外向程度、产业形态，还是城市竞争力和区域一体化水平，粤港澳大湾区已具备建成国际一流湾区和世界级城市群的基础条件。与此同时，我们也要认清其发展的劣势，专家们对粤港澳大湾区建设的优势及劣势都有客观系统的分析。

黄晓慧等（2016）指出，粤港澳地缘相近、人缘相亲、语言文化同源，合作历史悠久。就旅游产业而言，三地旅游资源优势互补，旅游合作基础稳固，关系良好，成绩有目共睹。但是，在旅游吸引力方面，粤港澳因各自为政，尚未形成拳头产品，与京津冀、长三角城市群相比仍有一定差距。由于体制方面的原因，粤港澳大湾区要成为国际都会圈亚太旅游中心，尚有一些障碍需要克服。[③]冯邦彦（2017）指出，粤港澳大湾区的优势是其资源禀赋、经济总量，内部交通已经达到很发达的程度，已具备进一步发展为世界级城市群的条件。站在考虑香港、澳门产业优势的角度来看，广东产业劣势有四个方面，即金融、贸易和物流、科技创新产业、旅游，其中金融业最为核心。广东是全

① 陈广汉，谭颖. 构建粤港澳大湾区产业科技协调创新体系研究［J］. 亚太经济，2018（6）：127-134，149.

② 毛艳华，荣健欣. 粤港澳大湾区的战略定位与协同发展［J］. 华南师范大学学报（社会科学版），2018（4）：104-109，191.

③ 黄晓慧，邹开敏. "一带一路"战略背景下的粤港澳大湾区文商旅融合发展［J］. 华南师范大学学报（社会科学版），2016（4）：106-110，192.

国经济第一的大省，广东的国内生产总值（GDP）占全国的 1/8，但是广东在转型向服务业发展的过程中金融业严重滞后。广东金融业占 GDP 的平均水平低于浙江、江苏和上海，低于全国平均水平。① 刘奇洪（2018）认为，粤港澳大湾区的优势在于经济实力强，金融活跃度高、基础好，科技创新产业、IT产业强大，企业创新能力强，文化多元化和包容性好，制度建设容易对标学习。但是，内部发展极不平衡，差距很大；广州、深圳、香港三城鼎立，难以形成独大的核心，会影响辐射力和集聚力；司法、货币、关税、交通、文化的多元化，造成整合的困难；因为重视应用研究而不重视基础研究造成创新潜力不足；传统制造业地域同质化严重，而 IT 产业则对核心技术依赖度高。顾文静等（2018）认为，粤港澳大湾区有香港、广州和深圳三个金融中心，金融体系完善、渠道多样、产业链丰富，科技金融服务功能不断拓展，为金融、科技、产业融合创造了条件。②

（四）粤港澳大湾区发展模式探索与策略选择

王宏彬（2015）以宝安中心区为主要出发点，探索其与湾区经济的协调发展模式，提出"三带两心一谷"建设、构建湾区产业体系，以提高宝安产业国际竞争力和融入湾区创新网络、健全宝安自主创新综合生态体系等 5 条发展策略。③ 杨广生（2017）认为，要想将粤港澳大湾区发展得更好，首要任务就是要把各方的利益建立在一个共同的基础上，找到粤港澳利益的共同点。特别是，不仅仅是三地政府的利益共同点，还有三地人民利益的共同点。在此期间，可以充分发挥智库的交流作用。粤港澳产业合作经过多年的发展，港澳服务业不断发展、集聚和升级，正日益发挥联系境内外市场、配置境内外资源的桥梁和纽带角色，广东制造业突飞猛进，已经发展成为全球主要制造业基地之一。④ 左晓安（2017）则认为，港澳现在面临经济适度多元化的问题，广东正处在转型升级的关键攻坚期，三者合作机制、合作领域的再造和创新，需要借

①　冯邦彦. 共建粤港澳大湾区的四个关键问题 [J]. 新经济, 2017 (1)：7 - 8.

②　顾文静, 刘楼. 金融、科技、产业融合, 推动粤港澳大湾区经济发展——"2018 湾区经济发展国际论坛"会议综述 [J]. 广东财经大学学报, 2018, 33 (5)：109 - 112.

③　王宏彬. 把握新常态、适应新常态、贯彻落实国家"一带一路"和自贸区战略, 大力发展湾区经济 [J]. 新经济, 2015 (4)：16 - 21.

④　杨广生. 要找到粤港澳利益的共同点 [J]. 新经济, 2017 (1)：17.

助"一带一路"的资源、市场，重塑发展动力，推动粤港澳与"一带一路"地区协调联动发展，实现多赢。① 郭楚（2017）研究了粤港澳对外开放的独特优势，建议把粤港澳大湾区建设成为带动地区经济发展和实施区域发展战略的重要载体、构建开放型经济新体制和培育吸引外资新优势的排头兵、科技创新驱动和绿色集约发展的示范区，从而推动实施我国新一轮高水平对外开放。② 倪外等（2020）认为，粤港澳大湾区经济发展存在"9＋2"城市发展战略目标的差异性融合、治理机制和制度的协调性差、城市群空间格局失衡等相关问题，得出通过高端服务业合作升级大湾区经济质量与层级、以供应链优势促进产业资源在大湾区优化配置和大湾区传统垂直分工产业合作空间的水平化改造等5条路径选择。③

（五）河套地区开发及发展定位

一条深圳河将深圳与香港划分在两岸，而最能体现两地交融的莫过于河套地区，其拥有其他粤港合作园区不具备的独特地理优势。乐正（2004）指出，深圳河套地区开发的思路应该体现为深港两地城市规划、产业需求和"一国两制"制度框架三者的结合。力求河套开发对深港两地的利益大体对等，产业项目选择要与两地的长远战略大致吻合，两地相互尊重发展水平、发展策略和各种现行制度等，河套开发要有长远的开发规划与策略，在服从长远规划的前提下，保障开发的短期效益。河套地区是深港边境区中的一个点，因此，不能孤立地考虑1平方千米的河套开发问题，而应在更大的空间统筹规划下，对这个点进行研究论证。④ 关于河套地区的重要地理位置以及先天优势，洪为民（2018）表示，河套地区凭借毗邻深港的有利位置，拥有香港科研基础和深圳产业配套的双重优势，兼具"一国之便、两制之利"，已成为提升深港科创合作的重要抓手。河套地区备受深港两地政府重视，但在实际开发过程中，河套地区却因覆盖了深港多方主体而面临重重挑战。方舟（2018）指出，由于河

① 左晓安. 与"一带一路"战略协调发展的粤港澳合作机制创新［J］. 特区经济，2017（1）：11－14.

② 郭楚. 描绘粤港澳大湾区合作宏伟蓝图［J］. 发展改革理论与实践，2017（7）：4－8.

③ 倪外，周诗画，魏祉瑜. 大湾区经济一体化发展研究——基于粤港澳大湾区的解析［J］. 上海经济研究，2020（6）：33－41.

④ 乐正. 以创新思路考虑深圳河套地区开发问题［J］. 特区经济，2004（4）：6.

套地区覆盖深港多方主体，在如何发挥各自科创优势、提高科研成果转化率、实现协同发展上存在诸多挑战。在河套地区定位这一问题上，王立新（2018）表示，这一挑战的关键在于如何使"两制"阻碍变为优势，让深港实现相互"借力"。为此，洪为民（2018）和王明凡（2018）都认为，要借助河套创科园得天独厚的位置，采用"香港下蛋、深圳孵化"的协同模式，由国际顶尖研发机构在河套地区进行科研，把成果放在深圳孵化及产业化。李振（2018）指出，要在河套地区推动建立科技创新产业协同机制，在结合深港力量之外，河套地区还应做好与粤港澳大湾区的产业服务配套对接，借力大湾区其他城市的创新力与制造力，再加上大湾区完善的供应链体系和物流配套，形成全球规模最大、体系最全的"超级产业链"。① 2018 年，深圳市政协在《关于加快大河套地区开发，进一步加强深港合作的提案》中，从香港和深圳两个主体角度阐释了河套地区的发展定位和长远规划存在的问题，并为充分发挥深港协同创新独特优势和福田区口岸优势、加快大河套地区"深港科技创新合作区"建设、加强推进深港深度合作提出了 6 条建议。

三、创新发展的相关研究

（一）创新的本质与内涵

创新是指人类为了满足自身需要，不断拓展对客观世界及其自身的认知与行为的过程和结果的活动。具体来讲，创新是指人为了一定的目的，遵循事物发展的规律，对事物的整体或其中的某些部分进行变革，从而使其得以更新与发展的活动。通常，创新（innovation）一词有三层含义：更新、创造和改变。经济学上，创新的概念起源于熊彼特在 1912 年出版的《经济发展概论》。他首次将创新引入经济学中，指出"创新"就是将生产要素和生产条件重新组合引入生产体系，即"建立一种新的生产函数"，最终实现企业的利润增长。熊彼特认为，创新包括五种情况：引入一种新产品；引入一种新的生产方法；开辟一个新的市场；获得原材料或半成品的一种新的供应来源；新的组织形

---

① 李振. 大湾区科创合作谱新篇 深港筹谋共同开发河套地区［EB/OL］. https：//www. jiemian. com/article/2523143. html.

式。创新既包括技术性变化，又包括非技术性变化。

田红云等（2007）认为，创新是为客户创造出"新"的价值，把未被满足的需求或潜在的需求转化为机会，并创造出新的客户满意。创新的目的不是利润最大化，创新的目的是创造客户。以牺牲客户价值为代价的"创造"不是创新，其结果只能是给企业，甚至是整个行业，造成灾难。因此，发明未必是创新，除非该发明能够被应用并创造出新的客户价值。创业也未必是创新，只有其新的事业创造出了"新的客户满意"，否则，新创企业很可能对现有的产业造成破坏。①

吕耀明（2002）认为，创新活动赋予资源一种新的能力，使它能够创造出更多的客户价值。实际上，创新活动本身就创造了资源。因此，创新是一项有目的性的管理实践，遵循一系列经过验证的原则和条件。创新还是一门学科，是可以传授和学习的。与在工商企业中一样，创新对非营利组织和公共机构同样重要。②

从古典经济学理论到国家创新体系理论，以及演化经济学的最新发展，曼努埃尔等（Manuel et al.，2008）认为，西方经济学和管理学界对创新范式的研究已经历了两大阶段：第一阶段对应于新古典学派和内生增长理论的线性创新模式，认为创新的外部性是创新战略和干预的重点内容；第二阶段始于国家创新体系理论的提出与发展。③ 20 世纪 70 年代以后，尼尔逊（Nelson，1993）分析了现实存在的非均衡、动态的复杂经济系统中的技术创新，提出了由微观至宏观的"管理—搜寻—环境选择"技术范式。④ 弗里曼（Freeman，1987）在研究日本的技术政策和经济绩效时，首次提出国家创新系统的概念。伦德沃尔（Lundvall，1992）认为，国家创新系统的核心是生产者和用户相互作用的学习活动。⑤ 1997 年，经合组织（OECD）认为，国家创新体系的核心是强调

① 田红云，陈继祥，田伟. 破坏性创新机理探究 [J]. 研究与发展管理，2007（5）：1 – 7，31.

② 吕耀明. 中国商业银行创新与发展 [D]. 厦门大学，2002.

③ Manuel L, EIvira U, Kieron F. Policies for science, technology and innovation：translating rationales into regional policies. in a multi-level setting [J]. Research Policy, 2008, 37 (5)：823 – 835.

④ Nelson R R. National systems of innovation：a comparative analvsis [M]. Oxford：Oxford University. 1993.

⑤ Lundvall B A. National innovation systems [M]. Organization for Economic Co-operation and Development（OECD），1999.

企业与大学科研院所及其他相关机构间的技术合作和互动，其间，政府在创新过程中发挥自上而下的重要作用。可以认为，国家创新体系的重要理论支撑在于开放式创新理论，以及"政产学"创新三螺旋理论。当前，对创新范式的研究正处于第三阶段，主要从创新的实践角度来研究问题，认为"用户导向的创新"随着互联网的不断普及和科学技术的纵深发展而变得日趋重要，在此基础上，由"政府—企业—大学科研—用户"为主体的"四螺旋"创新范式形成。埃里克·冯（Eric von Hippel，2012）在提出用户导向创新理论后，详述了这一创新范式的重要特征在于由用户创新取代生产者创新。①

在持续改进的过程中，有时也能够产生创新的成果，然而，更多的创新产生于对客户需求更深刻的发掘和认识，从而创造出"全新的业务"和客户价值，即所谓"颠覆式创新"。创新是有风险的，然而，"吃老本"或者"重复改进"比创造未来风险更大。创新的障碍并非企业的规模，我们生活中的很多创新源自大企业；创新真正的障碍是现有的"成功模式"造成的"行为惯性"和"思维定式"。

创新所释放出来的生产力及其创造出来的市场价值推动了产业和社会的不断进步，有效地避免了经济的衰退和社会动荡。创新不但是企业可持续发展的源动力，而且是推动社会进步、避免暴力革命对社会造成伤害的有效途径。

（二）创新与发展

当今世界瞬息万变，应对变化，只有不断创新。当今时代是知识经济时代、网络经济时代，也是信息经济时代，以创新谋求发展已经成为企业发展的必由之路，而且变化的速度也越来越快，"不创新就死亡"已经悄然成为世界商业的游戏规则。

杜伟（2002）强调，对企业而言，创新不是在实验室很美妙而在市场上一败涂地的构想，而是一个能转化为收入和利润的想法。爱迪生曾说："卖不出去的东西，我本不想去发明。销售是有用的证据，有用代表着成功。"伊尔

---

① Eric von Hippel. Open source software projects as user innovation networks [J]. MIT Sloan School of Management. 2002, 3（2）: 267 –278.

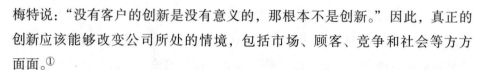

梅特说："没有客户的创新是没有意义的，那根本不是创新。"因此，真正的创新应该能够改变公司所处的情境，包括市场、顾客、竞争和社会等方方面面。①

创新与企业的发展有着密切的联系。徐忠伟（2005）指出，企业的发展是一个符合生命周期理论的周期性循环过程，一般要经历创业期、成长期、成熟期和衰退期，而企业创新能力的变化通常要比企业经济状态的变化早一个相位。创业初期，创新是企业的主题，企业因创新而成立；在成长期，企业发展的重点是体系设计、新领域的选择和产业多元化，而这些正是制度创新、技术创新、结构创新的具体表现。②

四、税收政策促进湾区经济及创新发展的相关研究

税收政策是国家为了实现一定时期的社会或经济目标，选择确立的税收分配活动的指导思想和原则，它是经济政策的重要组成部分。当税收政策符合社会发展的要求时，其能够进一步推动经济的发展。粤港澳大湾区其实是在珠三角城市群的基础上升级的新型产业集聚区域，因此，有部分学者从产业集群的角度分析税收政策与产业集群二者之间的关系。例如，陈昌龙（2014）认为，政府虽然在整个产业集群的过程中不起决定性的作用，但是可以通过选择合适的税收工具、运用恰当的税收优惠政策和完善的税收服务体系等多方面的政策去进行扶持，弥补市场机制先天的缺陷，引导和支持产业集群的发展。③ 曹锦阳（2018）从对粤港澳大湾区文化创意产业集群的角度进行研究，采用通常用在测评指定区域内某产业的空间集群水平的区域熵研究方法和灰色关联分析法，以定量的角度来反映粤港澳大湾区内 11 个城市的文化创意产业集聚水平。他提出，国家需要在宏观上进行税收持续支持：一是税收政策方面，对新成立的文化创意企业在一定时期内免征所得税；二是发挥税收杠杆的作用，鼓励非

---

① 杜伟. 企业技术创新激励制度论 [D]. 四川大学，2002.
② 徐忠伟. 中国民营企业可持续成长影响因素的实证研究 [D]. 复旦大学，2005.
③ 陈昌龙. 税收政策支持产业集群的机理分析 [J]. 安徽工业大学学报（社会科学版），2014，31（4）：9–10，17.

公有的资本向该行业投入，以此全面实现粤港澳大湾区的文化创意产业集群。① 除了从产业集群角度进行研究之外，还有大量的学者在税收协调促进湾区经济发展方面进行了定性分析。学者们指出，粤港澳大湾区属于一个主权国家内部的三个税制区域，区域间不同的税政会导致出现不同程度的税收竞争，税收竞争发展到一定程度时，就会对区域经济产生负面效应，这就要求进行税收协调。白彦锋等（2019）将粤港澳大湾区与世界三大湾区和国内两个城市群进行分析对比，从税种结构及税负、主要税种管辖权、税收征管体制等方面的冲突论述了大湾区的税制现状，就实体税政、税收征管、产业导向、税务争议解决机制等方面的税收协调思路提出了建议。② 郭滨辉等（2019）则列举了比较典型的国际税收协调实践，并结合国际税收协调实践的经验，为大湾区税收协调的总体思路提出建议。③

创新是引领发展的第一动力，也是建设现代化经济体系的战略支撑。近年来，企业的创新发展活动受到国家的高度重视，为了多方面鼓励和支持企业进行更多的技术创新，国家出台了一系列与创新相关的政策。国内外现有的文献在税收政策与企业技术创新发展的关系方面已有一定的研究。经济合作与发展组织（OECD）在 2002 年的一则报告中提出，企业的研发投资活动具有正外部性，可以促进社会生产率。但是，正是由于外部性的存在，研发活动的私人效益就会比社会效益低，投资不足的问题就会随之而来。因此，政府应该通过相应的税收激励政策来激励企业进行研发创新活动。笠原、下津和苏祖基（Kasahara, Shimotsu & Suzuki, 2014）通过反事实分析法，分析了日本 2003 年研发税收政策改革对于企业研发支出的即期影响，认为该项改革使得企业当年的平均研发支出增加了 3.0% ~3.4%，且若取消该政策中对权益/债务比率的限制，政策的促进作用会更加显著。④ 依莱姆·库切里（Irem Guceri, 2018）

① 曹锦阳. 关于粤港澳大湾区文化创意产业集群发展策略与探究 [J]. 经济研究导刊, 2018 (33): 31 – 39, 41.

② 白彦锋, 贾思宇. 粤港澳大湾区经济一体化发展与税收协调研究 [J]. 财政科学, 2019 (7): 5 – 15.

③ 郭滨辉, 成慕杰. 国际税收协调经验对粤港澳大湾区的启示 [J]. 财会研究, 2018 (11): 15 – 20.

④ Kasahara H, Shimotsu K, Suzuki M. Does an R&D tax credit affect R&D expenditure? The Japanese R&D tax credit reform in 2003 [J]. Journal of the Japanese and International Economies, 2014 (31): 72 – 97.

采用实证分析法，分析了中小企业税收激励政策的资格门槛变化对研发支出的影响，发现与引入政策后的对照组相比，2008~2009 财年后开始受益于中小企业计划的治疗组公司，其研发支出增加了 15%~20%，也就是在研发税收减免的前提下，研发税收激励有助于增加公司层面的研发支出。① 不过，也有少数研究者，如向山（Mukoyama，2003）认为，在信息不对称情况下，政府提供的财税政策优惠会挤出企业自身的研发投资，即税收激励政策存在挤出效应。②

与国外研究相比，我国在税收政策与企业技术创新发展的关系方面的相关研究要晚一些。陈东等（2019）在提出理论假设的前提下，运用 2012~2016 年在中国 A 股上市的部分公司的具体财务数据，检验了政府财政补贴与制定的税收优惠对企业研发投入产生的单行与并行激励效果，同时，运用了相应的门槛回归模型，对财政政策与税收优惠政策在不同区间内的配合效应进行了深入分析与探索。得到如下结论：政府的财政补贴与税收优惠均对企业的研发创新活动起到了一定的激励效果，税收优惠政策的激励效果比政府的财政补贴政策的激励效果更为显著。③ 杨旭东（2018）以 2012~2015 年我国上市的中小公司为样本，发现税收激励和企业技术创新二者是正相关的关系。④ 而企业的研发能力最能体现企业的技术创新，很多学者从研究企业研发投入与研发产出这两个角度出发，探讨税收政策对创新的作用。就研发投入来说，学术界进行了大量的研究，大致有以下两类观点：第一是税收政策对企业研发创新投入有促进作用。江希和等（2015）以江苏省 128 家样本企业的问卷调查为基础，采用随机效应模型进行实证研究，发现研发费用的加计扣除对企业研发投入有正面的影响，但是程度不大。⑤ 陈远燕（2016）利用 2005~2007 年非上市公司

① Irem Guceri. Will the real R&D employees please stand up? Effects of tax breaks on firmlevel outcomes [J]. Int Tax Public Finance, 2018 (25)：1 - 63.

② Mukoyama T. Innovation, imitation, and growth with cumulative technology [J]. Journal of Monetary Economics. 2003, 50 (2)：361 - 380.

③ 陈东，法成迪. 政府补贴与税收优惠并行对企业创新的激励效果研究 [J]. 华东经济管理，2019, 33 (8)：5 - 15.

④ 杨旭东. 环境不确定性、税收优惠与技术创新——基于我国中小上市公司的实证分析 [J]. 税务研究，2018 (3)：86 - 91.

⑤ 江希和，王水娟. 企业研发投资税收优惠政策效应研究 [J]. 科研管理，2015, 36 (6)：46 - 52.

的数据进行回归分析，实证结果表明，财税激励政策能够有效地使企业研发投入量增加。① 第二是税收激励对企业研发投入的效果具有挤出效应。肖兴志等（2014）通过对我国254家战略性新兴企业的研究，发现财税补贴政策会助长企业在资本市场上的寻租行为，从而减少企业的自主研发投入。② 张杰等（2015）的研究表明，财税政策对企业创新活动的激励效果与政府选择的资助方式以及企业所处的发展环境有关，对于政府无偿资助型的政策，不但不能激励企业创新投入的增加，还会在一定程度上挤出企业自有研发投入。③ 就研发产出来说，大多数的研究都表明，税收政策的激励对于促进企业创新产出具有积极作用。巫强等（2014）以我国2009～2013年战略性新兴产业企业数据为研究样本，发现企业创新产出的激励效果受政策扶持方案的影响。对战略性新兴产业企业创新产出的激励，研发补贴政策比定额研发补贴政策的效果要好。④ 杨乐等（2020）以2013～2017年我国创业板上市公司的数据作为样本，通过建立模型，将流转税激励与所得税激励对企业研发投入以及产出的影响作对比。实证分析得到：二者与企业研发产出都呈正相关关系；流转税激励与所得税激励相比，对企业研发投入的促进作用不明显。⑤ 也有少数研究者认为，财税政策对战略性新兴产业的研发产出起到抑制效果。如储德银等（2017）利用沪市137家战略性新兴产业上市公司的数据为研究样本，实证研究发现，财政补贴对企业创新产出具有积极影响，而税收优惠政策对战略性新兴产业专利产出数量的增加起到了抑制作用。⑥

① 陈远燕. 财政补贴、税收优惠与企业研发投入——基于非上市公司20万户企业的实证分析 [J]. 税务研究, 2016, 381（10）: 34 – 39.

② 肖兴志, 王伊攀. 政府补贴与企业技术投资决策——来自战略新兴产业的经验数据 [J]. 中国工业经济, 2014, 318（9）: 148 – 160.

③ 张杰, 陈志远, 杨连星, 新夫. 中国创新补贴政策的绩效评估: 理论与证据 [J]. 经济研究, 2015（10）: 4 – 17.

④ 巫强, 刘蓓. 政府研发补贴方式对战略性新兴产业创新的影响机制研究 [J]. 产业经济研究, 2014（6）: 41 – 49.

⑤ 杨乐, 宋诗赟. 税收激励对企业技术创新的影响研究 [J]. 中国注册会计师, 2020（7）: 69 – 74.

⑥ 储德银, 纪凡, 杨珊. 财政补贴、税收优惠与战略性新兴产业专利产出 [J]. 税务研究, 2017（4）: 99 – 104.

五、文献述评

综上所述，现阶段对于湾区经济的本质和国内外湾区成功案例的研究成果颇丰，研究基本覆盖了经济层面、政治层面、社会层面和文化层面。研究方法包括理论研究、定性研究，但是数学模型分析相对较少。研究内容上，主要是湾区经济的内涵、国内外湾区经济的特征以及湾区经济构建的经验总结。政策研究方面，主要是分析湾区经济形成机理和国内外湾区经济的对比，从而找出我国现阶段湾区经济仍存在的差异和发展政策方向。不过，国外的相关研究文献局限于对湾区经济某一具体问题（如湾区城市群发展以及产业布局等）进行分析，在税收政策与湾区经济发展的关系方面进行探讨的文献较为少见。国内的研究主要集中在世界一流湾区的横向比较、经验借鉴和对如何建设粤港澳大湾区的探讨。对于河套地区如何发展、采用哪种发展模式、选择哪种策略进行开展的相关研究不多，对于湾区经济活动的规律整理不足。例如，粤港澳大湾区内部、湾区间的产业发展剖析，大湾区创新和协调发展的测度，这些相关研究较少。

第三节　研究对象、研究内容与研究方法

一、研究对象

本书的研究对象是落马洲河套地区，包括北邻深圳皇岗口岸的货运停车场，南抵香港新界西北区的落马洲，东临上步码头，西至皇岗口岸大桥下，面积约1平方千米。在此基础上，可扩展至"1+3大河套创新区"，即落马洲河套地区+皇岗口岸停车场区、福田保税区及B1小河套区，远期可发展成为以深港科创产业融合为基础的深圳河两岸创新走廊（深圳市政协，2017）。在逻辑层面，诠释以创新型税收制度安排为战略抓手，促进"深港创新及科技园"建设符合深港两地以及粤港澳大湾区合作发展的内在要求；在对策层面，探寻把握建设"全球科技创新中心"的发展动态和政策导向，推动科创中心对标海外标志性科创区，如美国硅谷，积累具有中国特色的科技创新中心成长经验。

二、总体框架

本书遵循"提出问题—理论建构—实证分析—政策建议"的求证思路，立足解决深港推进河套地区建设中的重大理论和实践问题，沿着"现状分析→理论构建→模拟合作模式与成长路径创新→税收政策工具选择"的思路层层推开研究，具体如图1-1所示。

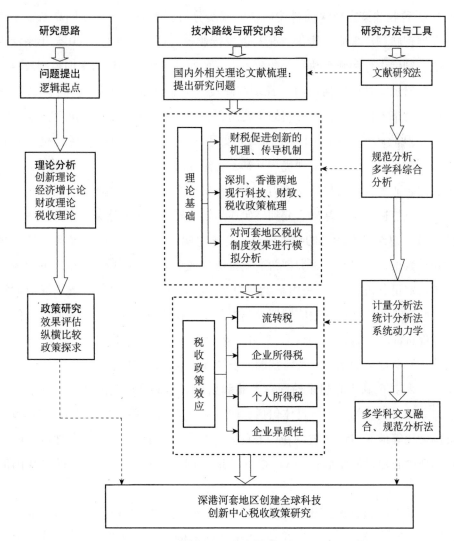

图1-1 研究思路

本书主要研究内容如下。

1. 税收政策支持科技创新的理论基础。本部分构建财税政策支持科技创新的机理及政策效应等理论框架，重点是税收支持创新的基础理论。具体包括：（1）税收政策对宏观政策目标直接、间接和交互传导效应的理论分析；（2）深圳高新技术企业科技创新概况及税收优惠政策分析；（3）深港高等教育合作概述，推进深港两地长板叠加，牵引全域创新升级。

2. 税收政策支持深圳科技创新的现实分析。本部分梳理深圳高新技术产业发展现状、产学研一体化情况及创投行业投资情况，并总结40余年来深圳在税收制度设计和政策执行上的敢为人先的实践，以期归纳出深圳税制改革的经验与启示。具体包括：（1）深圳高新技术企业科技创新概况分析；（2）深圳税制改革支持深圳创新发展的主要历程；（3）深圳税制改革的经验与启示。

3. 税收政策支持深圳科技创新的实证分析。河套地区建设深港创新及科技园，需要双方合作，实现优势互补。香港在园区内提供前沿科研成果，深圳则利用企业的科技成果转化能力，实现科研成果的市场价值，双方借助这一平台，可以打造一条从基础研究到科研成果转移转化的高效链条。本部分主要包括：（1）总结已有学者的相关研究，并确立实证的方法；（2）整理实证所需的相关数据，并对当前深圳创新产业价值实现水平及不同税收政策下的影响因素进行定量分析；（3）采用系统动力学方法，在相关假设的前提下完成深圳市税收政策的科技创新效应模拟，模拟不同税收政策选择和不同税收政策的组合对促进深圳科技创新的效果；（4）基于实证结果总结研究结论，从而为税收促进河套地区深港创新及科技园的发展提供实证的支撑。

4. 科技创新中心建设的国际经验和启示。本部分借鉴国外相关国家的经验，总结对我国的启示。具体包括：（1）梳理美国硅谷、日本筑波、新加坡、韩国大德等地区建设科技创新中心的具体税收政策；（2）总结各地区国际科技创新中心建设的经验；（3）提炼各地区国际科技创新中心建设对我国的启示。

5. 促进深港河套地区创建全球科技创新中心的税收政策建议。本部分在理论和实践分析的基础上，借鉴国外相关国家的经验，提出整套促进河套地区发展的政策建议。具体包括：（1）提出促进河套地区"特色合作平台"创新的税收政策设计方案与具体的优化路径；（2）国际科技创新中心建设对我国的启示；（3）以税收助力河套地区创建全球科技创新中心的政策建议。

三、具体研究方法

本书的研究遵循规范分析与实证分析相结合的方法，以规范分析为理论基础，以实证分析为重点，主要包括以下几种方法。

1. 文献调查法与文献追溯法。查阅国内外有关湾区建设、科技创新中心建设的实践案例和相关文献，综合归纳已有研究的最新进展和不足，为本书的研究提供理论基础和方法依据。

2. 规范研究法。以主流经济学理论为基础，运用财政学、政治经济学、宏观经济学、管理学等学科知识，从深港两地最新发展形势出发，讨论当前创新合作模式的可行性，为实证研究提供思路。

3. 实证分析法。采用协整分析和格兰杰因果分析相结合的方法，分别实证检验创新财力投入水平、创新人力投入水平、创新载体投入水平和地区宏观税负水平对深圳市创新产业价值实现水平的影响作用。采用系统动力学方法，在相关假设的前提下完成深圳市税收政策的科技创新效应模拟，模拟不同税收政策选择和不同税收政策的组合对促进科技创新的效果。

4. 归纳演绎法。通过对规范研究与实证研究结果进行归纳综合，讨论改进和创新促进河套地区创建全球科技创新中心的财税政策工作组合。

第四节 研究创新与不足

1. 研究视角的特色和创新。基于"粤港澳大湾区发展 + 深港合作共赢"的视角，对河套地区创建全球科技创新中心进行情景模拟，构建出具有实际操作价值的财税政策支持合作发展的成长路径。

2. 学术观点的特色和创新。基于支出、税收等宏观政策变量的实证研究，结合河套地区发展的实际，从定性和定量两个方面，涉及差异化的财税政策工具组合，保障和促进河套地区在创建全球科技创新中心的合作模式与成长路径有效推行，是科学可行的路径选择。

3. 尽管本书已经就税收政策对深圳地区的创新激励效应采用了协整分析和格兰杰因果分析相结合的方法进行了实证分析，还采用系统动力学方法在相关假设的前提下完成了深圳市税收政策的科技创新效应模拟，但由于无法获得深圳企业研发支出的具体明细项，按不同行业分类的税收收入数据也难以获得，因此，对税收政策科技创新效应模拟的研究结果仍然存在一定的局限性，需要在以后的研究中不断完善。

第二章

税收政策支持科技创新的理论基础

第一节 相关概念界定

一、湾区和湾区经济概念的界定

(一) 湾区

湾区 (bay area) 一般是指由一个海湾或者相连的若干个海湾、港湾、邻近岛屿共同组成的区域。从自然地理形状上看，湾区可以分为全敞开式湾区、半敞开式湾区、链型湾区和峡湾区四种。随着全球湾区的快速发展，湾区的概念也不再局限于自然地理的含义，现代湾区的内涵已扩展为沿着海岸线的一片地区，它是由多个海港、港口及城市组成，由相互之间有着协同、合作关系的港口群与城市群所形成的城市化区域。但是需要注意的是，湾区也不同于大都会区，大都会区一般是由一个城市或多个城市作为核心，与核心城市有着紧密的经济关联的其他城市共同组成的城市群。世界湾区主要位于北美、欧洲和亚洲沿海地区，其中，面积超过100万平方千米的较大湾区包括墨西哥湾区、阿拉斯加湾区等，区域内会包含很多小型和中型的海湾；海面面积不超过1000平方千米的属于中度规模湾区；大规模湾区的海面面积相对较大，湾区周围的城市会形成一个城市群或者经济圈，如东京湾区，旧金山湾区；小规模湾区的面积则在10平方千米以下，陆地所包围的海面面积较小。

从区域经济的角度分析，湾区能够在区域内集聚资源和产业，形成一个跨境的区域经济系统。以海洋、城市命名的湾区,不仅代表了海洋与陆地经济的连接的区域,同时也是陆地上相邻的地区之间产业的聚集区域。具有海湾的区域不一定就会成为湾区,湾区具有内环和共享水域的地理特征,有利于生产要素在区域上集聚。湾区由于具有较为狭长的海岸线,所以湾区的沿岸城市更加容易产生向湾区中心聚集的向心力,进一步推动区域经济的一体化发展。一般来说,由于中小规模的湾区三面环绕陆地,具有良好的自然气候条件,可以有效抵御来自海洋的自然灾难,所以,这种类型的湾区更加有利于港口贸易、大规模的制造业的集聚。由于湾区具有海岸线较长,内陆地区面积较广的优势,所以湾区内沿海岸区域极易形成港口城市,同时,通过桥梁、道路等基础设施的建设可以极大地减少城市之间的通行时间,促进湾区内城市之间的联系更加紧密。

(二)湾区经济

目前,湾区经济还没有统一、权威的概念,国际上最早对于湾区经济的研究可以追溯到 1990 年纽约—新泽西港务公司发表的《港口产业对纽约—新泽西都市地区的经济影响》。国内最早提出"湾区经济"相关概念的是香港学者吴家玮,他于 1997 年根据美国旧金山湾区的经验希望能够建设沿香港海域的"香港湾区"。随着世界著名三大湾(东京湾区、纽约湾区、旧金山湾区,以下简称三大湾区)的快速发展,湾区经济已经成为越来越多的学者所关注的研究对象,并逐渐发展成为一个区域经济学中的重要概念。一般认为,湾区内的港口城市发展到一定程度后,依托现代化的交通工具、港口运输、完善的交通体系网络以及信息的自由流动,基于自然、经济、文化、社会等方面的密切关联,构成一个具有海湾港口的现代化都市圈,借此产生了区域一体化经济,形成湾区经济。

湾区经济具有五个特征:第一,合理的区域协作分工。湾区内港口与港口之间、城市与城市之间、港口与城市之间,人员、信息、技术、资金等生产要素能够形成最优的资源配置,充分显示出湾区城市网络具有较高的效率。在湾区中心城市和外围城市集聚外溢的发展进程中,各个城市之间需要形成紧密依存的关系,同时,中心城市地区的产品需要港口的地理优势运输到世界各地,港口的发展离不开内地经济的推动,所以两者必然会形成相互依赖的关系。合理的区域协作分工可以避免湾区内城市之间、港口之间的无序竞争，极大地提升湾区的综合竞争实力。成熟的湾区经济都会有合理的协作分工体系，例如，东京湾区就具有东京湾、横滨港、千叶港等六个世界级的港口，为防止港口之间出现恶意竞争，日本政府对各个港口的主要功能进行了系统详细的规划，促进了港口之间的分工合作。第二，产业的集聚扩散。随着湾区城市产业的集聚与扩散效应辐射越来越广，城市的边缘不断向外扩张，城市之间的合作分工也会更深入一个层次，最后会实现湾区经济的一体化。在湾区产业集聚外溢的过程中，湾区能够聚集更多的信息和人才资源，进而激发出湾区的创新活力，衍生出创新研发机构，研发出更多的科技创新产品，创新的发展又可以促进湾区的创新经济的发展，让湾区在不同的时期都能够具备足够的竞争力，保持世界领先地位。在临港产业的发展过程中，港口贸易、金融、科技创新等产业较易被发展成核心主导产业，通过对产业和科学技术的不断创新，湾区内极易产生新的产业形态，从而引领地区乃至全球的产业发展。第三，宜人的居住环境。由于湾区地理位置靠近海洋、海湾，所以具有了宜人的自然环境和良好的生态环境。港口城市一般多为新兴城市，具有良好和以人为本的城市规划设计、便捷的区域交通网络体系和完善的生活配套设施，形成了优美的宜居城市环境。第四，高效的交通网络。湾区内高效、合理的交通网络能够极大地减少通勤所需要的时间，从而进一步加强了湾区内城市之间的联系，产业集聚的效应和城市的网络效应也会更加明显，同时，城市之间协同效应也会越来越强。第五，完善的区域协调机制。湾区经济一般会涉及不同的行政区域，无论是产业的分工合作、各个城市之间基础设施的连接，还是对生态环境的保护等方面，都需要进行合理的区域协调。例如，旧金山湾区共包括了9个县，为了能够合理解决城市之间发展所遇到各种问题，湾区成立旧金山湾区政府协会、大都市交通委员会等组织，负责不同区域的治理工作，提高了湾区的管理质量和效率。

湾区经济与都市圈经济主要的不同之处为：第一，港口经济是湾区经济发展的基础，湾区具有天然海港的独特优势，港口群在湾区经济形成的过程中扮演了不可或缺的重要角色，同时，港口群加上城市群将发挥出 1 + 1 > 2 的效应，促进湾区经济的持续发展。都市圈经济发展的基础不一定会来源于港口经济。第二，湾区经济更加注重城市之间的分工协同，主要依靠区域内经济要素的变化带动资源的合理优化和配置。都市圈经济则侧重于从地域空间上推动城市化进程。第三，湾区内城市之间的经济联系较为紧密，与空间范围较大的都市圈经济相比，能够更好地发挥出集聚和辐射的效应。第四，湾区经济可以充分发挥出沿海经济与都市圈经济的叠加效应，是一种较都市圈经济更加高级的经济形态。据世界银行统计，目前全球60%的经济总量集中在入海口，75%的大城市、70%的工业资本和人口集中在距海岸100千米的海岸带地区。纵观世界湾区的发展历程，由于沿海城市具有港口的天然地理优势，可以发现绝大多数的湾区经济最早的经济形态为港口经济，随着港口经济的发展日益多元化，港口功能得到进一步的提升和延伸。

湾区经济大致可以分为港口经济、工业经济、服务经济、创新经济四个阶段。(1)港口经济阶段(20世纪50年代以前)。这一阶段港口的功能较为单一，主要是通过港口进行货物的海上运输。由于其相对应的经济活动范围被局限于港口附近的区域之内，临港城市主要依靠港口运输过程中的中转服务发展经济，如装卸、仓储、船舶维修等服务，所以对城市的经济带动效果较弱。(2)工业经济阶段(20世纪50年代至80年代)。这一阶段在全球贸易快速发展的背景下，港口的功能逐步得到完善。临港工业的发展成为新的经济增长点，临港城市逐步发展成为工业制造中心，加上海洋运输的地理优势，临港工业得到了飞速发展。以东京湾区为代表，在日本政府实施"倾斜生产方式"，大力发展基础工业、能源产业的背景下，东京湾区内东京、横滨和千叶共同构成了世界著名的京滨、京叶两大工业带，包括钢铁、机械制造、石化、造船等工业，工业产值占全国的40%左右。同时，能源产业的发展也为东京湾区以及城市带来了稳定、低价格的能源。(3)服务经济阶段(20世纪80年代至21世纪初)。由于临港工业的规模化、科技化迅速发展，吸引了大量为港口提供服务的金融保险、法律、海关等服务业，随着人口的不断聚集，港口城市的进一步发展及扩大，文化娱乐、商品、医疗教育等服务业也得到了快速发展。随着临港工业对周围环境的水、空气污染等问题日益凸显，劳动力成本不断增长，临港工业开始出现了大规模转移的现象，湾区产业结构进行了调整，现代服务业逐渐代替了工业，成为湾区新的经济增长点。(4)创新经济阶段(21世纪至今)。随着湾区内信息产业、高科技产业的快速发展，湾区的经济活动范围得到了进一步扩展，湾区经济形成了多极化、多方向的发展趋势。受益于前期各个阶段的发展成果，湾区经济在资源、技术、文化、人才等要素充分集聚融合的环境下得到了飞速发展。

二、河套地区的界定

落马洲河套地区（以下简称河套地区）毗邻香港和深圳边界，位于深圳河干流中游，北邻深圳市皇岗口岸的货运停车场，南抵香港新界西北区的落马洲，东临上步码头，西至皇岗口岸大桥下。经过河道拉直，原属于深圳管辖的河北河套地区变成如今的河南地带，并纳入香港版图，处在香港的管辖范围内。

根据 2007 年《香港 2030：规划远景与策略》，河套地区拥有位于深圳福田商业区对岸的战略位置优势，能提供发展空间以加强深港合作。香港特区政府宣布深港共同开发河套地区为 10 大基建项目之一。2007 年 12 月，深港两地政府成立了"深港边界区发展联合专责小组"，负责统筹、协调和督促两地有关边界邻近地区包括河套地区的发展和研究工作。2008 年 3 月，两地举行第一次会议，决定以"共同研究，共同开发"的原则，探讨开发河套地区的可行性。2008 年 6~7 月，两地同步开展《落马洲河套地区未来土地用途公众意见收集活动》。

2011 年 11 月 25 日，深港双方签署《推进落马洲河套地区共同开发工作的合作协议书》（以下简称《合作协议书》），深港双方尊重上述历史事实，同意在"一国两制"大原则下，根据香港特别行政区法律，按"共同开发、共享成果"原则，合作推动河套地区发展。2017 年，深港双方按照《合作协议书》积极磋商并达成共同意向合作发展河套地区为"深港创新及科技园"及在园内建设相关高等教育和辅助设施，并制定合作备忘录。因深港近年在创新及科技的重大发展，以及两地在优势互补下产生的巨大协同效应，双方同意除共同发展"深港创新及科技园"外，香港也支持深圳在深圳河北侧发展科技创新，共同建立"深港科技创新合作区"。深港双方同意在签订合作备忘录后，共同推广将在河套地区建设的"深港创新及科技园"，以吸引深港两地以及海外企业、研发机构和高等院校进驻，推动"深港创新及科技园"的发展。

深圳现正规划把深圳河北侧毗邻河套地区约 3 平方千米区域打造成为"深方科创园区"。深港双方同意向国家争取政策，支持"深方科创园区"及"深港创新及科技园"的发展，以构建一个具有对应聚集力和协同效应的"深港科技创新合作区"。

三、创新和创新体系概念的界定

(一) 创新

从本质上来讲，创新是指在人类社会发展过程中，为了满足自身欲望，不断拓展加深对客观世界和人类自身的认识，摸清事物的发展规律，进而做出对事物更新与改变的活动。1912 年，经济学家约瑟夫·熊彼特将创新引入经济当中，其最根本的观念是认为创新是在人类生产过程中内生出来的，凡是在经济生活中出现的创新和发展并不是从外部所得，而是由内部自行促进创新和发展，强调了创新是各事物发展的本源驱动力以及核心地位。在其著作《经济发展概论》中提出，创新是指把新的生产要素和生产条件以一种新的组合方式，生产出新的产品，开辟出新的市场，从而产生出新的价值。20 世纪 60 年代，美国经济学家华尔特·罗斯托把创新的概念拓展为技术创新，强调了技术创新在创新中的主导地位。以技术创新在人类社会发展中的作用为视角，提出了人类社会发展的六个阶段。

20 世纪 80 年代，创新理论不断深化发展，从简单的线性分析到系统分析，以弗里曼（Freeman）为代表，他认为创新实际上是社会要素之间相互作用的一个复杂过程，并非是简单的线性关系，而是一种系统工程，一个社会的整体创新能力不单单是生产要素之间的相互作用，更取决于社会制度、社会环境与生产要素间的相互关系，更加科学地把制度与环境引入进来，形成一种更加合理的系统概念和系统研究方法，使得创新研究更加贴近现实，更具研究价值，从此开启了从更加系统、全面的角度来理解和研究创新。

(二) 创新体系

20 世纪 80 年代末 90 年代初，创新研究开始走向"系统范式"，并涌现了大量概念。尽管这些概念并不存在明显的界线，但各自的侧重点有所不同，据此形成了各自的创新体系，大致可以分为两类：一是讨论创新系统的空间和地理特性，二是从产业技术特性分析创新系统理论。如国家创新系统、区域创新系统、区域创新网络、产业集群等特别关注创新的空间组织形态和内涵，而产业创新系统、部门创新系统和技术创新系统则特别关注创新的技术特性。

创新研究真正发展到"系统范式"，应该归功于国家创新系统理论的发展，代表人物如内尔松、弗里曼和多西（Nelson，Freeman & Dosi）。普遍公认的国家创新体系概念是经合组织（OECD）给出的，即国家创新系统是一组独特的机构，它们分别地或联合地推进新技术的发展和扩散，提供政府形成和执行关于创新政策的框架，是创造、储存和转移知识、技能和新技术的相互联系的机构系统。我国对国家创新系统的研究开始于 20 世纪 90 年代初期，1996 年，加拿大国际发展研究中心与国家科技部合作对我国 10 年的科技政策进行评价并出版的《十年改革：中国科技政策》是第一份系统介绍中国国家创新系统的报告，它为进一步研究中国国家创新系统打下了基础。柳卸林（1998）不仅对国家创新体系的概念进行了描述，还分析了其对中国的意义，并提出了相关建议。其后，冯之浚、李正风等学者对国家创新体系的研究使国家创新系统受到了更广泛的关注。然而，随着全球化和通信技术的发展，经济活动一方面表现为全球范围的扩散，另一方面，空间聚集和本地化趋势越来越明显。全球和国家财富越来越集中在少数地区。财富的竞争，不再以国家为单元来进行，而更多的是表现为区域竞争力。为此，创新系统的地理学概念不断被提出，如区域创新系统、产业集群创新系统、区域创新环境等，其中，区域创新系统最受人关注，被学术界和政府高度重视。与本书研究内容最为密切的为区域创新系统，也称之为区域创新体系。

区域创新体系的概念是基于国家创新体系的发展和现代区域理论的进化而逐渐形成的。1992 年，英国威尔士卡迪夫大学的教授库克（Cooke）在其发表的《区域创新体系：新欧洲的竞争规则》中提出了"区域创新体系"的概念。库克指出，区域创新体系是由相互之间存在分工与关联的生产企业、高等教育机构和高等院校等要素构成的区域性组织体系，该体系能够极大地促进区域创新活动的产生。

区域创新体系的基本特征包括以下四点：第一，主体多元性。企业、高校、政府、科研机构等不同的创新主体组成了创新体系的基础，这些创新主体在体系内分别承担着不同的创新功能。创新主体之间相互通过信息的交流与共享、人才流动、知识分享等方式加强联系。第二，资源集聚性。创新资源为区域内进行创新活动提供了物质基础，区域创新体系并不是一个封闭的体系，所以创新主体之间活跃的创新活动会在更广区域、更深层次吸引更多的创新资源向空间内集聚，可以增强该区域创新的能力。第三，区域差异性。由于不同区域之间经济、文化、政策、资源等因素不同，创新条件、创新能力水平存在较大的差距，所以各个区域的创新体系的发展模式、发展的重点产业、政策的制定上都会存在一定的差异性。第四，创新协同性。一个成熟的区域创新体系是区域内的创新主体之间相互合作发展、相互信任、互利共惠的，这样可以极大程度地降低创新活动的外部风险性，同时降低了创新资源的流动成本，提高了区域内外的资源利用率，充分发挥出 $1+1>2$ 的协同效应。

区域创新体系可以细分为五个子体系，分别是知识创新体系、技术创新体系、创新服务体系、创新保障体系和宏观调控体系。其中，知识创新体系包括大学、教育机构、科研机构等，负责向社会输送接受过高等教育的创新人才，提供基础研究的理论基础和成果，向技术创新体系提供原始性技术；技术创新体系包括科研机构、企业的技术中心、技术市场等，把从知识创新体系获得的原始科学技术进一步进行产品化的研发，进而将科学技术转化成商品，充分体现出创新活动的市场价值，充分利用现代的科学设备仪器，对科学技术进行更深层次的研发；创新服务体系包括科学技术的孵化器、加速器、提供法律和会计相关服务的中介机构等，主要的职责是促进创新知识、技术进行转移，加强创新主体之间的信息交流与共享，实现人才、知识、技术和资金等要素在区域内自由流动；创新保障体系包括天使投资资金、风险投资资金、银行资金、人才市场、创新创业的环境等，保障体系主要体现在资本对创新提供的资金保障，产生激励的效果，可以对区域的创新进行持续性的支持，有效地激活社会上的资源；宏观调控体系则是以政府作为主体，负责区域的制度创新和对创新环境的建设，首先，政府要制定相关的政策和法律，营造创新的氛围，为区域内的创新活动提供保障和软环境的支持，其次，政府要加强区域内的基础设施建设，合理地对区域内的资源进行分配，为区域创新提供优质的服务，最后，政府要负责协调各个创新主体之间的关系，推进产学研和政府四个方面的创新结合和互动，同时，政府要具有解决区域创新体系、市场等出现失灵的问题，维护创新体系能够高效的运行。对上述区域创新体系的子体系进行分析后可以看出，子体系之间创新活动离不开产学研的合作，产学研合作创新能够保证区域创新体系高效运转，是提升区域创新综合实力的关键所在。

区域创新体系的主体包括企业、大学、政府、科研机构、中介机构等。按照各个创新主体在体系内不同的功能和作用，可以将创新主体分为三类：第一类包括企业、大学和科研机构，它们在创新体系中扮演了知识和技术提供者的角色，作为创新活动起始的第一步，是各种新技术、新产品的创始之地，是区域创新体系的最核心的部分；第二类是各种中介机构、行业协会等为区域创新体系提供创新服务的机构；第三类是政府，政府不仅要为其他创新主体提供一个良好的创新氛围，进行制度上的创新，同时，还要负责促进区域创新体系不断建设和发展的目标。各创新主体之间是相互作用、相互联系的，在区域创新体系内形成一个创新整体。企业与高校、科研机构之间的联系体现在：（1）高校为企业提供高素质、受过良好教育的毕业生，高校还可以为企业的职工举办培训班、远程教育课程、与企业生产技术相关的专家讲座等，为企业的职员提供继续学习深造的机会和条件，进一步提高员工的综合素质和经营管理水平。（2）企业会高薪聘请高校的老师、科研机构的研究人员担任企业的技术顾问，帮助企业进行充分的市场调研，对未来发展方向作出合理的规划，为企业遇到的技术难题提供可解决的方案。同时，也便于高校的老师更好地了解企业、市场以及整个产业的发展现状，可以为自身的理论研究提供现实的参考案例。（3）企业、高校、科研机构三方充分发挥各自的优势，达成互补、互利、互惠的共同发展原则，通过产学研协同合作的方式进行创新活动。（4）企业可以在高校和科研机构内建立科学技术研发中心，企业可以提供研发资金上的支持，高校和科研机构负责提供科研技术人才和设备，企业不仅可以利用高校的人才和科学技术资源的优势，同时也极大地缩短了技术研发的周期，加快了技术成果向企业的转移，增强了企业的创新能力和竞争力。企业与政府之间的联系体现在：（1）政府通过建立健全鼓励企业进行创新活动的相关法律制度和政策，为企业开展技术创新提供较为宽松的环境，不仅包括基础设施、区域建设等方面的硬环境，还包括创新氛围、法律制度等软环境。政府具有为企业建设一个良好的市场环境以促进企业长期持续健康发展的责任。（2）政府可以从区域统筹的角度促进企业之间的合作，加强企业之间的技术、人员和资源的流动，为企业提供更高的平台以便于企业吸引项目和资金，成立区域的产业基础园区，将企业集聚在一起共同发展。（3）政府增加对企业的科技研发投入，支持企业的科技创新活动，政府可以通过对企业的科技研发项目进行直接投资，在财政、税收方面给予企业适当的优惠政策，刺激企业技术创新的欲望。高校和科研机构与政府之间的关系主要体现在：（1）政府对高校、科研机构的财政投入是高校及科研机构的重要资金来源之一。（2）政府为高校、科研机构在引进人才、科研成果市场化、吸引科技研发资金等方面制定政策上的支持，为其发展提供环境保障。

第二节　税收政策支持科技创新的理论基础

一、创新增长理论

创新一词历史悠久，在我国最早的百科辞典《广雅》中记载有"创，始也"，在《魏书》《尚书》中也有"革弊创新""咸与惟新"的典故。创新，意味着创造出前所未有的事物，并用新的事物去代替旧的事物。在西方，创新一词有三层含义：更新、创造和改变。经济学上，创新的概念起源于熊彼特在1912年出版的《经济发展概论》。他首次将创新引入经济学中，指出"创新"就是将生产要素和生产条件重新组合引入生产体系，即"建立一种新的生产函数"，最终实现企业的利润增长。他认为创新包括五种情况：引入一种新产品，引入一种新的生产方法，开辟一个新的市场，获得原材料或半成品的一种新的供应来源，新的组织形式。创新既包括技术性变化，又包括非技术性变化。

美国经济学家华尔特·罗斯托提出起飞模型，将创新概念延伸发展至技术创新，他阐明积极活跃的发明以及革新活动使技术创新大力推动生产发展是使得经济起飞必须具备的条件之一，而且这个阶段会在一国的经济由不发达向发达状态中产生重要影响。迈尔斯和马奎斯于1969年在其研究报告《成功的工业创新》中将创新定义为技术变革的集合。他们认为技术创新是一个复杂的活动过程，从开始的新思想、新概念，再通过不断地解决各种问题做出实践，最终服务于一个有经济价值和社会价值的新项目。在此思想上，他们进一步指出，技术创新是将新的或改进的产品、过程或服务引入市场。

第七届国际创新研讨会上提出了一个基于研究开发与经济活动两个循环有效耦合的霍夫勒模型。霍夫勒模型研究开发的知识循环积累着新的科学知识，孕育着新的技术发明，通过信息传递活动，不断注入技术创新活动，形成新产品、新方法、新工艺，进而取得微观企业的经济效益，实现宏观经济的增长。留基伯模型创新性地补充和完善了霍夫勒模型，其将创新运行各阶段的信息联系在一起，看成一个联结整个过程各个阶段的通信网络，强调信息沟通在各个阶段的通信网络。进入21世纪，信息技术推动下信息社会的形成及其对技术创新的影响进一步被认识，被认为是一个科技、经济一体化过程的技术创新，成为应用创新与技术进步"双螺旋结构"共同作用催生的产物。

创新主要体现在三大领域：其一，学科领域——表现为知识创新，大学、科学研究机构等研究主体是基础。此类创新为理论创新，往往通过知识的循环积累产生新的有力量的知识，此知识通过丰富实践的充实，最终引领社会进步。其二，行业领域——表现为技术创新，企业是应用技术、工艺创新的基本主体。它是通过企业内新技术的不断累积到一定阶段使企业的生产活动产生质的飞跃，并迅速传播至整个社会的技术创新活动。其三，职业领域——表现为制度创新，发挥政府在技术创造、扩散、使用过程中的协调与协同作用，调动创新主体参与的积极性。制度创新又体现为管理的创新，其通过更有效的激励人们行为的制度、规范体系来实现社会的持续发展和变革。它的意义就在于通过制度创新得以固化，并以制度化方式持续发挥自己的作用。

创新增长的内生经济增长理论认为，技术进步和技术创新作为经济增长的主要内因，是经济增长的重要因素，由于技术的边际收益是递增的，投入的技术越多获得的产出越多，投资收益也不断增加。由于技术创新的存在，整体经济的边际收益不降反增。在此基础上，创新增长的内生增长理论认为，运用财税政策推动创新可以通过内生性促进经济增长。

二、外部性理论

外部性是某一经济主体的行为对他人或社会产生非市场化影响，但却没有为此行为收取费用或付出代价。结合科技创新的相关情况，科技创新活动存在的溢出和外部效应以及具有明显的公共物品的特性，导致企业进行技术创新投入所带来的私人收益通常小于社会收益，这种市场失灵的现象如果没有政策干预，企业技术创新活动就无法达到最优帕累托效应。因此，政府可以通过采用财税政策工具提高企业技术创新投入的收益，有效矫正企业创新投入的外部性，通过提高其创新产出和成果产出，以实现激励技术创新的政策效果。

企业研发活动具有正的外部性，一般表现为研发成果和所得收益并不能由技术研发的主要投入企业来获得，而是由所在行业的所有企业均摊。在市场竞争形势日新月异的当今，如果不能形成自己的竞争优势，就会面临被淘汰的境地。然而，我国目前的产权交易制度还没有形成规模和体系，企业开发的独有性技术在信息社会的大背景下很容易被仿冒和抄袭，这样就进一步打击了企业进行技术研发活动的积极性，企业进行技术研发活动的回报必然低于其研发投入成本，企业研发动力便会下降，形成劣币驱除良币的恶性循环。由于市场难以严格排除不付费者，不能确保付费者的产权，致使转让产权的交易成本较高，对企业研发成果来说在使用中应该向谁收费、如何收费等都是比较困难的事情。另外，作为理性"经济人"，大部分使用者都期望成为"搭便车者"，这些创新成果的价格机制难以在市场中发挥作用，将导致供给的不足。因此，上述的情况只能通过政府实施财税政策加以补偿和解决，并扶持其发展，否则仅依靠市场将缺乏创新的内在动力。

如图 2 - 1 所示，假设企业产品的边际成本和社会边际成本一样，B 表示供给，M_1 代表企业的边际收益曲线，M_2 代表外部效益曲线，M_3（即 $M_1 + M_2$）代表社会效益。企业作为理性经济人，它的最优研发数量是 R_1，小于社会有效需求数量，资源配置无效率。若企业享受税收优惠，相当于外部效益的优惠 T，此时，供给曲线 B 就移动到 B′，这时对应的研发数量是 R_2，达到最优均衡状态。此时，企业的边际效益等于社会边际效益，企业生产利润最大化，社会的产量达到了最优。

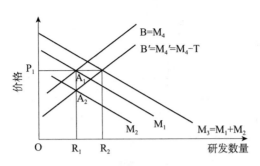

图 2 – 1 税收优惠促进研发的最优产出

三、国家竞争优势理论

国家竞争优势理论是由迈克尔·波特于 1990 年在其出版的《国家竞争优势》一书中所提出的，它作为一套能够有效解释国家产业或企业竞争优势的全新理论而存在，其影响面丰富的同时争议也比较大，一经问世便在当时的学术界、企业界乃至政府界引起了很大轰动，不仅有赞扬的声音，也受到了一些著名经济学家的严厉批评。但是，随着时间的推移和实践的验证，越来越多的经济学者们逐渐接受和认同了波特教授的这一理论。国家竞争优势理论认为，一个国家是否在国际社会的竞争中取得了优势是这个国家兴旺或者衰败的根本，而在国际社会中赢得竞争优势的关键在于该国的创新机制是否合适以及创新能力是否强大。

在该理论中，波特认为，企业应该具有的最基本的竞争优势是国家。因为国家不仅能帮助企业进行创造，而且还能保持国家内企业的优势竞争条件。国家不但是影响一个企业作出战略决策的因素，还是创造和延续技术发展与生产发展的核心。波特强调，"国家竞争优势"从根本上决定着一国特定产业竞争优势的强弱，产业是研究一个国家竞争优势的基本单位，某个产业的竞争优势主要取决于四个基本要素：生产要素、需求条件、相关和支持性产业以及企业战略、结构和同业竞争。以上四个要素构成了该产业竞争优势的"钻石体系"，因此，"国家竞争优势理论"也被称为"钻石模型理论"和"菱形理论"。此外，在钻石模型中还有机会和政府两个辅助因素，机会带动企业腾飞、政府带领企业发展，两者共同辅助企业和国家取得国际社会中的竞争优势，如图2-2所示。

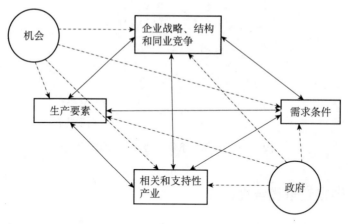

图2-2　波特菱形理论"钻石"模型

在该理论中，生产要素指的是一个国家在特定的产业竞争中有关生产方面的表现，包括土地、自然资源、人力资源和知识资源等。其中，高级要素（现代化通信基础设施、高等教育人力及各大学研究所等）和专业性要素（技术型人力、先进基础设施、专业知识领域，以及其他定义更明确且针对单一产业的因素）共同配合决定竞争优势质量及可持续性。要素的培育与创造固然重要，但能创造出生产要素的机制更重要。波特认为，国内需求是产业发展动力，是产业竞争优势的第二个关键要素。需求条件指的是本国市场对该产业所提供产品或服务的需求状况如何。类比于粤港澳大湾区相关的数据信息，以深圳为例，其拥有数万家国家级高新技术企业，拥有华为、腾讯等一批优秀的高技术企业，紧贴市场需求，拓展至内地，人口众多，需求更为旺盛，这就有利于内地企业迅速达到规模经济，能在激烈的竞争中获得竞争优势。相关和支持性产业是指该特定产业的上游、下游及其他关联产业，这些产业所具有的竞争优势对该产业的国家竞争优势也有重要影响。企业战略、结构和同业竞争指的是企业在一国的组织、基础和管理形态，以及国内市场竞争对手的表现。政府的关键作用不是政府政策的本身，而是该政策对"钻石体系"有何影响。"机会"这一因素通常不是企业、政府所能够控制的，这些"机会"可能起到调整产业结构的作用，或为一国的企业超越另一国企业提供机会，因此，"机会"在许多产业竞争优势上的影响是不容忽视的。国家竞争优势理论既说明了技术因素，也强调了制度因素的重要性。该理论重新界定了政府的角色。对于政府在产业发展中究竟起什么作用这个问题，一直以来学术界各个学派都争论不休。有些观点认为，就长期而言，政府对产业提供协助反而会对企业造成伤害，使得企业依赖政府的帮助而不思进取。但波特认为，这种观点忽略了政府在创造产业环境、组织架构等方面所扮演的角色。实际上，政府可以对四种因素施加影响。例如，通过产品标准、税收政策等影响买方需求；投资促进形成国家竞争优势的基础设施、人才的高级生产要素和专业性要素；充当一个激励者，通过制定适当的政策来促使和鼓励企业积极创新；帮助企业提高国际竞争优势，跨向更高的竞争阶段。

第三节 税收优惠政策支持企业创新的作用机理

税收优惠是一种税收调节工具，在经济运行过程中，政府会根据当下经济的发展，有选择地运用税收手段直接调节纳税人的收入，间接影响纳税人的行为，进而引起社会经济活动的变化，以实现政府调控目标的活动。间接性是税收影响企业技术创新的突出特点。税收直接作用的目标不是企业的技术创新活动，而是企业的成本支出和利润水平。税收政策的变化可以通过企业的成本利润的变化直接观察到，而企业技术创新活动的强度和范围与税收之间并不存在直接的对应关系，也是通过影响企业的成本和费用，进而影响收入及税后收益而间接发挥作用。促进高新技术产业发展的税收政策是政府根据特定的目的、在特定时间和特定范围内对特定对象所制定的税收附加规定和特别规定。税收优惠政策的主要作用表现在以下方面。

一、税收优惠有助于降低企业创新的成本、提高创新收益

从本质上说，税收优惠政策是政府将一部分应得的税收收入让渡给了纳税人。从纳税人角度看，则表现为成本的节省和收益的增加。税收在影响企业技术进步的成本和收益方面有非常重要的作用，是税收政策发挥作用的切入点。在现行针对高新技术企业的税收优惠政策中，例如，研发费用的加计扣除以及研发设备的加速折旧，可以直接降低企业的研发成本；又如，高新技术企业享

受 15% 的优惠税率，可以看作政府让渡部分财政收入给企业，可增加企业收益。这些政策都能够增加企业进行技术研发的资金，企业可以将这些资金投入新的研发活动，通过技术创新提高产品的竞争力，获得更高的收益，形成一种良性循环。

税收优惠政策的作用机理如图 2-3 所示，在没有税收优惠时，无差异曲线 U 和预算线 L 共同确定了消费者均衡点 P_0；实施税收优惠政策后，降低了企业的生产成本，高技术产品的价格也随之下降，由于收入效应和替代效应的原因，消费需求上涨，消费者均衡点移动到 P_1，此时高技术产品的消费增加至 X_1。

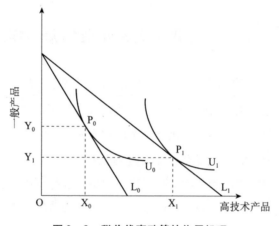

图 2-3 税收优惠政策的作用机理

二、税收优惠会降低创新企业的风险

税收优惠政策具有降低企业技术创新风险的作用。技术创新活动投资大、周期长、企业面临的风险高。这种风险一方面可以依靠企业自身的技术和财务手段来化解；另一方面也需要政府采取相应的政策来降低风险，鼓励企业创新。政府采取的措施就包括税收手段。税收优惠政策规定企业的风险损失可税前扣除，此政策降低了企业税负，也可能会减少政府的财政收入。我们可以理解为政府将企业所承担的部分风险转移到了自己身上，从而降低了企业自身开展创新活动所面临的风险，提高了企业进行创新活动的积极性，即税收优惠可以通过影响企业资产组合的方式促进企业技术创新。

三、税收优惠会增加创新企业的资金供给

税收优惠从两个方面影响资金的筹集：一是税前扣除等政策有利于企业筹集资金，同时有利于提高企业的资金周转能力；二是加速折旧、降低税率等政策使得企业的纳税时间后延或降低税收负担。对企业而言，减少缴纳的税金，就会增加企业的留存资金，就更能保证企业研发活动的资金投入，如图2－4所示。

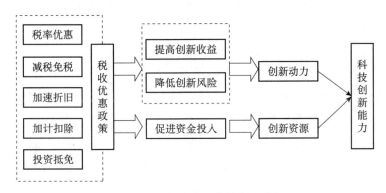

图2-4　税收优惠政策的传导路径

综上所述，税收优惠政策会从影响企业成本、增加企业收益、降低研发活动风险、促进资金投入等方面对高新技术企业产生影响，激励其增加研发投入、研发人员数量进行创新活动来获取更高的收益，从而增强其创新能力。

第三章

深港河套地区创建全球科技创新中心必要性与可行性分析

深圳、香港这两个地区从全国来看都具有特殊性。深圳是中国特色社会主义先行示范区，香港是特别行政区。纵观深港合作的历程，合作机制创新始终是推动两地经济持续发展的重要因素。本章通过对香港和深圳在河套地区合作的可行性进行分析，找到香港、深圳之间的优势及创新条件，从而给其他城市之间开展创新和创新合作提供经验和方向。借鉴其他创新区的经验，并根据香港、深圳以及大湾区的特点，对深港创新及科技园的建设路径提出建议，能够对其他城市之间的跨区域合作提供经验。

大湾区已成为世界科技创新的风向标，湾区经济是当今世界最具竞争力、最具创新力的发展模式。从世界经济版图来看，全球沿海地区汇集了全球一半以上的人口、经济总量、工业资本以及近80%的大城市。湾区是一个广域化、城市化的空间，而且是全球对外开放程度最高的地区。它的形成会伴随着跨界发展的现象不断地吸收国内外最前沿科技、文化、理念、制度以及最新信息和人才资源，催生出大量的创新业态，培育出大批创新成果，成为新科技、新产业、新商业模式的策源地，引领全球科技产业发展方向。

粤港澳大湾区要想在区域间竞争甚至国际竞争中取得优势，则必须加快产业转型，需要在区域内部加强科技合作。有别于世界其他大湾区，奥港澳大湾区是"一个国家、两种制度和三种法律体系"共存的湾区，这种差异决定了湾区城市创新协同发展、创新要素便捷流动和形成有机整体的难度。在大湾区内建立创新合作区，能够成为研究区域之间协同创新的突破点，打破区域之间的阻碍；能够总结科技创新发展的规律、提升粤港澳区域协同创新程度、促进产业优化升级和新兴产业发展、提升科技与产业的国际竞争力；能够提供一些分析参考和指导建议，对提高区域竞争力和国际影响力具有重要的现实意义。

第一节 深港河套地区创建全球科技创新中心的必要性

一、维护港澳长期繁荣稳定

粤港澳大湾区，是由香港、澳门两个特别行政区和广东省的广州、深圳、珠海、佛山、中山、东莞、惠州、江门、肇庆九市组成的城市群，是国家建设世界级城市群和参与全球竞争的重要空间载体。2009 年《大珠三角城镇群协调发展规划研究》发布，把"湾区发展计划"列为空间总体布局协调计划的一环，并提出四项跟进工作，即跨界交通合作、跨界地区合作、生态环境保护合作和协调机制建设。2012 年，广东省政府公布的全国首部海洋经济地图《广东海洋经济地图》中明确提出，广东海洋经济的发展将划定"六湾区一半岛"，打破行政界线，以湾区为单位进行发展，辐射内陆经济。湾区将串联湾区周边城市，形成湾区经济发展新格局。2013 年 12 月 26 日，深圳市委五届十八次全会上，市长许勤在谋划经济工作时首次提出发展"湾区经济"，其中，前海开发开放是湾区经济发展的战略重点。2014 年，湾区经济首次被纳入深圳市政府工作报告，报告提出，深圳将依托毗邻香港、背靠珠三角、地处亚太主航道优势，重点打造前海湾、深圳湾、大鹏湾、大亚湾等湾区产业集群，构建"湾区经济"。

党的十八大以来，党中央和国务院高度重视粤港澳大湾区的发展，如今已经上升为国家战略层面。从 2015 年在"一带一路"建设规划中第一次被正式提出之后，2015 年 3 月，国务院发布的《推动共建丝绸之路经济带和 21 世纪海上丝绸之路的愿景与行动》，提出要充分发挥深圳前海、广州南沙、珠海横琴、福建平潭等开放合作区作用，深化与港澳台合作，打造粤港澳大湾区。"十三五"规划纲要和党的十九大报告中明确提出要加快建设粤港澳大湾区，有关各级政府签署了合作协议并颁布了很多具有建设性意义的指导性文件。2019 年 2 月 18 日，中共中央、国务院颁布了《粤港澳大湾区发展规划纲要》。

内容包括了金融、保险、人民币、交通、通信、产业发展、知识产权等多个方面，提出支持港澳在泛珠三角区域合作中发挥重要作用，推动粤港澳大湾区和跨省区重大合作平台建设。粤港澳大湾区的战略目标，可以进一步强化我国科技创新的全球竞争力，同时也面临着巨大挑战。

2016 年 3 月 15 日，国务院印发《关于深化泛珠三角区域合作的指导意见》，围绕深化泛珠三角区域合作，提出的一项重点任务就是促进区域经济合作发展，构建以粤港澳大湾区为龙头，以珠江—西江经济带为腹地，带动中南、西南地区发展，辐射东南亚、南亚的重要经济支撑带。2016 年底，国家发展改革委印发《加快城市群规划编制工作的通知》提出，2017 年拟启动珠三角湾区城市群等规划编制。2017 年 3 月 5 日，政府工作报告正式把"粤港澳大湾区"纳入其中。报告提出，要推动内地与港澳深化合作，研究制定粤港澳大湾区城市群发展规划，发挥港澳独特优势，提升在国家经济发展和对外开放中的地位与功能。2017 年 3 月，国家发展改革委牵头研究编制《粤港澳大湾区城市群发展规划》。2017 年 7 月 1 日，国家主席习近平在香港出席了《深化粤港澳合作推进大湾区建设框架协议》签署仪式，协议是由国家发展和改革委员会、广东省人民政府、香港特别行政区政府、澳门特别行政区政府四方协商一致制定，努力将粤港澳大湾区建设成为更具活力的经济区、宜居宜业宜游的优质生活圈和内地与港澳深度合作的示范区，携手打造国际一流湾区和世界级城市群。2019 年 2 月 18 日，中共中央、国务院印发了《粤港澳大湾区发展规划纲要》，粤港澳大湾区战略成为与京津冀战略和长江经济带战略并列的三大国家级区域发展战略。

从经济角度来看，《粤港澳大湾区发展规划纲要》为香港描述了一个未来更高、更广、更深的发展平台，帮助香港突破发展瓶颈。香港目前面临经济发展的两大问题：一是产业结构相对狭窄，香港的制造业只占 GDP 的 1% 左右，产业大部分集中在金融、地产；二是香港土地人口密度大，房地产价格极高，普通市民无法负担。从工业制造角度来看，粤港澳大湾区内拥有完整的产业链，广东省内九个城市的制造业基础好，虽然看起来优势互补很强，但并没有真正意义上形成合力，没有起到优势互补的作用，通过粤港澳大湾区的实施，双方能利用粤港澳大湾区的契机，将三地分散的、断裂的产业链连接起来，形成一条完整的产业链条，节省成本，带来更大的经济效益，打破阻隔形成经济发展的合力，促进经济的发展。从土地角度来看，香港陆地总面积 1106.66 平方千米，面积较小，香港地形以低山丘陵为主，平原仅占香港土地总面积的 1/6，香港城市建设用地严重不足，而山地地形开发成本高，开发商不愿开发，政府出于对环境的保护，通过立法把一些地区设立为永久自然保护区，这些地方是永久禁止开发的，所以可使用面积较小。长期以来，香港一直大规模地填海造地，虽然成本相对开发山地较低，但是仍然导致房价昂贵，普通市民无法承担。相对于香港由于土地资源不足致使其填海造陆，大湾区内的面积广阔，能为香港创造更大的腹地，在生活空间上，能够为更多香港人创造更广阔的空间，提高生活质量，减轻生活压力。

香港有 100 多年由英国统治的历史，香港市民在文化上已经具有西方思维和西方模式，与内地存在一定差异，由于文化上的差异以及对内地认知停留在过去而没有与时俱进了解内地的发展，部分香港市民对内地仍然存在误解。因此，随着粤港澳大湾区战略的推进，不仅促进香港与内地有越来越多的经济、文化等方面的交流，也促进双方更好地认同和理解。

二、打造具有全球影响力的国际科技创新中心

党的十八大明确提出："科技创新是提高社会生产力和综合国力的战略支撑，必须摆在国家发展全局的核心位置。"强调要坚持走中国特色的自主创新道路、实施创新驱动发展战略。转变经济发展方式，从传统的劳动力、资源、能源等要素驱动型的发展转为依靠科技创新驱动，建立以企业为主体、以市场为导向、产学研结合的创新体系，完善知识产权保护制度，实现经济的高质量发展。

粤港澳大湾区具有打造国际科技创新中心的基本条件。《四大湾区影响力报告（2018）》的数据表明，粤港澳大湾区的经济影响力位列四大湾区之首，创新影响力排名第二。与旧金山湾区、东京湾区、纽约湾区相比，粤港澳大湾区由广东省九市以及香港、澳门两个特别行政区组成，2018 年末总人口突破7000 万人，人口密度位居四大湾区之首。从区域面积看，粤港澳大湾区总面积为 5.6 万平方千米，比世界三大湾区的面积总和还大。从经济体量看，2017

年粤港澳大湾区的 GDP 是旧金山湾区的 2 倍,与纽约湾区相比还有一定差距,但 2014~2019 年每年粤港澳大湾区 GDP 增速均保持在 6.5% 以上,远超世界三大湾区,经济发展潜力巨大,2019 年粤港澳大湾区 GDP 总量达 11.59 万亿元,是我国经济活力最强、科技创新资源最集中、新兴产业发展最活跃的区域之一,发展潜力巨大,占全国 GDP 总量的 11.61%。

粤港澳大湾区整体迈入知识经济时代,根据《2020 粤港澳数字大湾区融合创新发展报告》显示,粤港澳大湾区内科创企业和人才加速聚集,大湾区的发明专利数量达到 25.8 万件,超过了纽约湾区(3.96 万件)、旧金山湾区(5.44 万件)和东京湾区(18.91 万件);制造业基础支撑产业创新能力强,珠三角是"世界工厂",工业总产值占全世界工业总产值近 5%,拥有完整的工业产业链,科研成果转化能力强;创新全球化影响初步显现,粤港澳大湾区内有华为、中兴、美的等一批具有国际影响力的企业。以华为为例,华为掌握 5G 核心技术,5G 技术在世界领先,目前已经与 30 个不同国家签署了 5G 技术的商业合同。

尽管当前粤港澳大湾区的创新要素与创新环境日渐趋向于完善,但要构筑全球科技创新中心仍然存在巨大的区域内部差距。大湾区的经济总量在世界湾区中处于显著地位,与纽约湾旗鼓相当,在专利成果上更是遥遥领先,但是区域内分布不平衡,佛山、东莞等城市与香港、广州、深圳具有较大差距;存在一体化的制度障碍,由于历史原因,粤港澳大湾区内存在两种制度、三种流通货币、三个关税区,港澳的企业进入"珠三角"会存在摩擦成本以及对内地制度不适应的情况,城市间的发展未融合,区域内的合作深度不够;关键核心技术受制于人,尽管近年来创新成果显著,但是核心技术仍然存在短板,如高端数控机床、芯片、高端传感器、光刻机等技术产品严重依赖进口。

三、"一带一路"建设的重要支撑

在《粤港澳大湾区发展规划纲要》中明确指出,粤港澳大湾区要成为"'一带一路'建设的重要支撑"。携手"一带一路"建设是新时代粤港澳合作的新模式,"一带一路"倡议的提出,既顺应了国际金融危机爆发后全球开放合作、全球治理变革和全球共同发展的新形势与新需要,也顺应了中国自身加快构建对外开放新格局、实现对外开放主要对象和区域结构转型的需要。

粤港澳大湾区城市群在促进"一带一路"倡议的有效实施中，承担着重要的作用，是重要区域。历史上此处便是海上丝绸之路的起点之一。作为中国地理上最靠近沿海市场的节点，拥有香港、澳门两个自由港和前海、南沙、横琴三个自贸区，具有英文、葡语和侨乡三大文化纽带，在连接南亚、东南亚和沟通太平洋、印度洋地区上，具有明显的区位优势。香港是国际金融中心，在证券化的具体操作上有着丰富的经验，应当充分发挥香港连接内地与世界的金融枢纽作用，参与解决"一带一路"基础设施建设中的融资问题。澳门有300多年的葡萄牙文化接触，可以更好地用西方的方式讲中国故事，做好中国文化的输出，同时，澳门也是中葡经贸合作平台，能够成为"一带一路"的交通要道，能够为"一带一路"提供更多国际交流的机会。广东产业链齐全、制造业基础雄厚，是对外贸易的大省。建设粤港澳大湾区，有利于整合发挥港口、贸易、金融和制造业等方面的优势，产生整体效益，打造中国高水平参与国际合作的重要区域，进而推动"一带一路"建设。

打造具有全球竞争力的营商环境是建设"一带一路"重要支撑的基础。面对新一轮的国际分工与产业竞争，建设一流的营商环境是实现"一带一路"高水平"双向"开放的基础。一个稳定良好的营商环境是吸引企业和国家积极参与合作的重要基础。作为我国开放程度最高的区域之一，粤港澳大湾区较早参与国际合作，深入国际市场，在营商环境的建设中看齐国际标准，在国际经贸合作中具有优势。

完善粤港澳三地合作机制是建设"一带一路"重要支撑的保障，在合作中要充分发挥香港与澳门在国际上合作的优势，在大湾区共同拓展国际发展空间、扩大国际影响力。加强三地的合作，发挥香港、澳门与国际机构、企业密切联系的优势，深港河套地区的创新实践探索，能够丰富"一带一路"跨区域合作的多种形式。

四、充满活力的世界级城市群

粤港澳大湾区城市群是指由香港、澳门两个特别行政区和广东省的广州、深圳、珠海、佛山、中山、东莞、肇庆、江门、惠州等九市组成的"9＋2"

城市群。粤港澳大湾区城市群建设是我国区域社会经济建设的重要项目，它的建设有利于扩大区域经济的影响力，更好应对日趋激烈的全球化竞争，帮助调整国家政策。美国拥有以硅谷为中心的旧金山湾区城市群、以波士顿为科技创新中心的美国东北部大西洋沿岸城市群，日本拥有以东京湾为中心构建的太平洋沿岸城市群。在复杂的世界环境中，单独依靠某一个体或城市自身力量，难以在国际竞争中取得优势，区域间的合作共赢已经成为快速提升实力的必要手段。然而，地区间的协同创新与合作也面临着合作共识有偏差、协同创新领域趋于保守、各地文化体系差异、缺乏主体间的统筹协调等问题。为此，总结科技创新发展的规律，结合区域发展实力，成为研究区域之间协同创新的突破点。

相比东京对于东京湾区的单一核心城市，粤港澳大湾区可以看作是一个和纽约湾区类似的多核心的城市群。大湾区内的三个核心城市广州、香港、深圳各自在湾区内发挥着不同的作用。其中，香港是国际金融中心，拥有独特制度优势和特殊的历史，使得香港可以作为内地与海外的联络桥梁；深圳具有科技创新产业链的竞争优势，尤其是将技术转化为产品的产业化、市场化发展，引领大湾区在科技产业上的创新。香港和深圳的强强联手，优势互补，有利于合作共赢发展。广州在传统产业领域具有比较优势，可以发挥在多个产业领域的优势，强化对周边区域的辐射，并借助定位为城市副中心的南沙新区发挥贸易中心城市的作用。湾区内其他城市扮演不同的产业角色和定位，形成分工明确、错位发展、优势互补的城市群产业格局，在粤港澳大湾区城市群均可以有效发挥核心城市的集聚和扩散效应。从产业上来说，当前各个城市发展各有侧重，优势不一致，城市之间可以进行互补，为形成区域力量打下坚实基础，粤港澳大湾区内囊括了科技、制造、服务、金融等行业，各个行业可以形成百花齐放的效果。区域内的流动让该区域逐渐拥有打造高端制造业以及优质服务业的基础，更好参与国际分工与竞争，应对激烈的全球化竞争。

第二节　深港河套地区创建全球科技创新中心可行性

1980 年，深圳经济特区成立，经过 40 余年的发展，深圳从一穷二白依靠

"三来一补"产业积累原始资本到成为世界前列的创新城市，从模仿到制造再到创新，从一座边陲农业县，发展成为现代化、国际化都市。作为改革开放初期的突破口，深圳不辱使命，取得的成绩举世瞩目，让世界见证了"深圳速度"和"深圳质量"。

在深圳取得的成就中，香港在其中起着重大作用，香港因素对于深圳的发展处于重要地位。内地与香港间的经济合作始于20世纪80年代，而全面的发展和深化则在1997年香港回归之后。20世纪80年代，香港已经成为国际著名的金融中心、国际旅游、信息大都市，其经济发展成就举世公认，此时香港的人均GDP就达到了5700美元，在世界人均GDP排名中为40位，但此时香港的制造业面临着地价攀升、工资刚性上涨、成本增高、竞争力下降的巨大压力。与之对比的是，1980年内地人均GDP不足100美元，此时深圳正处于改革开放的初期，资本、人才、技术等要素缺乏，但具有特区的特殊优惠政策和低成本、低地价、低工资的优势。正是在这样的背景下，深圳与香港建立了"前店后厂"的合作，而深圳依靠"三来一补"为其发展淘得"第一桶金"，并进入了加速工业化进程。

一、地理空间接壤，交通便利

落马洲河套地区地处深圳和香港的交界处，北邻深圳皇岗口岸，南抵香港新界西北区，东临上步码头，西至皇岗口岸大桥下。地理位置上紧邻深圳福田商业区及香港新界北部发展潜力区，为香港融入内地供应链、产业链、市场提供直接对接点。落马洲河套地区的交通便利，皇岗口岸是我国唯一全天候通关的陆路口岸，也是全国最大的陆路口岸之一。2007年，地铁落马洲支线正式通车，从落马洲站经福田口岸，可接驳深圳地铁龙华线福田口岸站，也可以乘坐直通巴士、专线小巴等交通工具到达深圳。落马洲河套平原两地空间地理交融，交通便利，有利于香港与深圳更多的资本、技术、人才自由流动，促进企业之间的交流合作。

二、拥有合作的历史基础

香港与深圳的合作由来已久，合作模式经历了三个阶段，分别为"前店后厂"发展时期、"三资企业"发展时期、合作的高级化时期。

第一个阶段为"前店后厂"发展时期。20世纪80年代初开始，大量的香港资本、一般性生产技术和管理技术，由南向北转移，其中内地完成产品加工，获取加工收益，而产业链条上的产品设计、市场、技术开发等环节则留在了香港，这就是内地与香港之间最开始的"前店后厂"合作模式。这种模式有助于香港经济的结构性调整，而"三来一补"产业使得深圳获得发展的第一桶金。

第二个阶段为"三资企业"发展时期。港商通过入股、投资内地企业进行研发。这一时期充分利用了内地丰富的劳动力、土地资源、强大的技术开发能力和香港雄厚的资金、广泛的对外联系以及发达的第三产业等优势。由"三来一补"到"三资企业"，改变了初期两地间单一的分工合作方式，两地间的经济合作方式出现由垂直分工向垂直分工和水平分工并存的演进。内地分享到了更大的利益，同时获得技术、先进的管理方式以及专业人才。

第三个阶段为合作的高级化时期。两地合作向高技术和服务业转移。技术创新能力的大幅提升和内地高新技术产业出乎预料的增长产生了对香港服务业的新需求，内地与香港之间更高层次的产业分工与合作由此展开，内地与香港在产业内涵上出现了服务业转移对于早期制造业转移的替代，经济合作的高级化时期宣告开始，深圳的发展促进了和香港的合作。

香港与深圳的合作离不开政府的积极推进，政府与市场共同作用，构建了企业活动的外部条件。一直以来，中央政府、深圳政府、香港特区政府都在积极推进香港与深圳的合作，如2003年6月29日签署的《内地与港澳关于建立更紧密经贸关系的安排》（CEPA），在此协定下，内地与香港的合作也愈加紧密，可以充分发挥香港的经济体制优势并兼顾内地工业发展需求。CEPA是内地迄今为止商签的内容最全面、开放幅度最大的自由贸易协议，也是香港实际参与的唯一的自由贸易协议，其内容质量高，覆盖面广，在短时间内结束谈判并付诸实施，为内地参与其他双边自贸区积累了丰富的经验，起到了开创性的作用。

三、科创资源优势互补

深圳从"三来一补"的加工制造业起家，积累了极具优势的产业链基础，能够为香港的科技创新提供很好的、发达的技术转移市场。深圳拥有 1.44 万家国家级高新技术企业，拥有华为、中兴、腾讯等一批优秀的高技术企业，紧贴市场需求，科技成果转化能力强。深圳产业链完整，研发制造业优势不能比拟，研究成果和设计的产品可以在 1 个小时车程内找到所有可供应的零部件。然而，虽然深圳具有与硅谷相匹配的产业链，但总体的基础研究水平还不能称得上是国内领先，根据《自然》杂志的自然指数（nature index）评估，深圳人均 GDP 水平居全国前列，但每 10 万人的创新指数尚低于全国平均水平。深圳的基础研究机构也未能进入国际甚至国内一流水平，根据 ESI 学科排名分析，进入全球前 1% 学科排名的只有深圳大学和华大基因，而深圳大学在所有 22 个学科中仅有工程学上榜，在所有 1209 家机构中排名 1156 位，华大仅有分子生物学上榜，在所有的 634 家机构中排名 528 位。除此之外，企业在技术创新体系中独挑大梁，研发投入和执行的 90% 以上由企业承担。企业的技术创新以实验开发为主，以需求为导向，对基础性、前瞻性和公共平台性的科技创新关注不足。而高等教育水平代表着一个城市的智商，好大学能够带来一定规模的移民，也是城市创业创新人才的重要来源。深圳的高等教育资源与经济实力相比存在较大的落差。2019 年，北京、上海、广州的高校数量分别是 93 所、64 所和 82 所，其中本科院校的数量均超过 30 所；深圳的高校数量仅有 14 所，其中只有 7 所是本科院校。① 深圳高等教育薄弱主要体现在学术资源、研究力量和学术威望上。与其他城市相比，深圳在科研机构、科研资源和科研实力等方面也存在较大差距。

　　香港是深港地区科技创新人才的储备高地，尤其在金融、法律、贸易等领域人才储备充足。高校竞争力方面，香港拥有世界级的优秀大学，汇聚了香港大学、香港科技大学、香港中文大学、香港城市大学、香港理工大学这 5 所全球一流大学。香港是世界唯一一座有四所 QS 排名前 50 的城市，香港 9 所高校的 87 个专业进入全球排名前 50。在科研成果及产出水平方面，多年来，香港高校 30 多个科研成果被评为我国国家科学技术奖，过去 5 年，香港高校在基础科研的论文产出方面均排名第一。基础科研平台建设方面，香港 6 所高校建

① 中华人民共和国教育部. 2019 年全国高等学校名单 [EB/OL]. http：//www. moe. gov. cn/jyb_xxgk/s5743/s5744/A03/201906/t20190617_386200. html.

设了 16 家国家重点实验室，伙伴实验室建设水平不断加强，大量的科研成果束之高阁，不能实现产业化和商业化的转换，大量的创新成果被浪费。因此，在深港河套地区建设全球科技创新中心，发挥双方的优势，香港提供核心技术、前沿技术，深圳发挥其高度的充满风险的创业文化，以及在高科技产业和科研成果转化上的优势，为香港的科技创新提供技术转移市场。二者相结合形成工业集群和产业网络，由此可打造一条从基础研究到科研成果转移转化的高效链条。

四、法治与科技创新相融合

加强知识产权保护制度，能够在社会上形成尊重知识成果、崇尚知识成果的思潮，有利于建设良好的营商环境，同时，也可以减少一些由于不信任而导致的交易成本。对于创新主体而言，一方面，能够保护那些依靠知识产权积累而发展的企业的利益，促使其发挥更大的作用；另一方面，加大对知识产权的保护能够倒逼企业加快技术创新，促进那些依靠模仿制造的企业转型。

在 1997 年以前，香港由英国统治，其法治体系直接受到英国的影响，在知识产权的保护方面，从立法形式、内容到司法体系，英国都对香港起直接作用。香港的知识产权法主要源于英国知识产权法的成文法和判例法。香港成文法中，包括《专利法》《版权法》《注册外观设计法》《外观设计版权法》，以及根据香港本地制定的《商标法》。在判例法中，从 1905 年起，香港就开始积累案例，逐步形成本地判例法。由于此时香港的事务由英国负责，英国促使香港加入了国际上的条约或公约如《保护工业产权巴黎公约》《保护工业产权巴黎公约》《专利合作条约》等，使得香港有一个具有国际先进水平的有保障的知识产权确认体系。1997 年香港回归，依据"一国两制"的方针，香港对于知识产权法进行本地化或重新制定，原有的判例保留作为参考的依据，使得对于知识产权的保护更加完善。在这一阶段，香港的法律既能够满足本土的需求，同时也达到相关国际公约和条约的要求，香港因此拥有完善的知识产权保护体系。

深圳的高新科技产业最开始是通过模仿进行发展的，社会上知识产权意识不足，深圳的发展正经历一个由不规范到规范的过程。而香港的知识产权的保护历史远远早于深圳，有完善的法治，从知识产权的保护到精妙入微的司法裁判。因此，在深港合作中，可以发挥香港的法治优势，能够更好地服务地区的创新产业，促使创新主体积极参与，促进河套地区的创新发展。

五、国际人才与国内人才协同发展

习近平总书记指出："事业因人才而兴，人才因事业而聚。"要想把事业做好，人才是关键，在创新中更是如此。随着人口大量向大城市及大都市圈集聚，人口红利消失，高质量人口价值日益凸显。一直以来，香港吸引海外专业人才的优势显著。2020年发布的2019年IMD世界人才排行榜中，中国香港排名第2位，仅次于新加坡，报告显示，中国香港一如既往地在利用国际人才库方面表现出色。香港独特的历史原因，使其成为中西方文化的交融之地。香港有着浓厚的中华传统文化基础，同时又融合了西方的思想观念和生活方式，因此，香港的文化具有很强的开放性与包容性，能更好地留住国际人才。"一国两制"的独特优势可以作为其他国家人才的试水区，使香港有机会成为国外和内地的缓冲地带和桥梁纽带，在引进海外团队、开展合作研究等方面具有更多弹性。香港在尖端人才方面具有明显优势，特别是高水平成果和科研影响力，例如，香港在1991年10月创办的香港科技大学，迅速崛起为世界一流大学，排名一直位于世界前50名。由此可见，香港的高端人才非常多。

深圳建市之初，就耗费巨大财力创办深圳大学，深圳大学建立时间早于香港科技大学，却与其存在巨大差距。深圳具有吸引国内人才的优势，在全国城市人才吸引力中排行第二，仅次于上海。但仍存在尖端人才总量不足、人才结构失衡、海外人才占比不高的问题，难以构成多层次人才生态。深圳全市海外高层次人才中，只有6.8%为外籍人员，海外人才占比不高。深圳目前正聚焦于发展国家七大战略性新兴产业：节能环保产业、新一代信息技术产业、生物产业、高端装备制造产业、新能源产业、新材料产业和新能源汽车产业。就目前而言，深圳对于这些产业有着高层次和高技能人才相对短缺的问题，因此对国际人才尤其是顶尖科研人才的需求更加旺盛。

深港合作中可以发挥香港国际人才和国内人才的优势，能够更好地加强国内科技与先进的国外科技的交流，同时也能弥补深圳在发展战略性新兴产业过程中尖端人才与人才结构失衡的问题。

六、优势产业上梯度协同

深港创新及科技园内重点发展的生物医药、新材料、人工智能、微电子等产业是香港与深圳的互补性较强的产业。以生物医药为例，该产业是目前全球最具发展潜力的新兴产业，2019 年 8 月公布的《中共中央国务院关于支持深圳建设中国特色社会主义先行示范区的意见》中要求深圳率先建设体现高质量发展要求的现代化经济体系，其中提及的科技领域就包括生命信息与生物医药技术等 4 个领域。2020 年 4 月，广东省印发了《关于促进生物医药创新发展的若干政策措施》，提出了以广州、深圳为核心，打造布局合理、错位发展、协同联动、资源集聚的广深港、广珠澳生物医药科技创新集聚区。支持深圳做精做深高性能医疗器械、基因测序和生物信息分析、细胞治疗等产业，培育世界标杆的生物医药企业和研究机构，打造全球生物医药创新发展策源地。深圳具有良好的产业基础，深圳生命健康产业发展迅猛，拥有政策创新扶持、创新全产业链和资本环境，制药能力大幅提升，但面临创新医疗的国际化水平有待提高、配套服务不足等短板。香港在临床病理、基因检测、遗传性癌症治疗等领域具有国际顶尖水平，能够有效弥补深圳基础研发的不足，其成熟的资本市场和丰富的国际医疗人才团队能够帮助深圳汇聚更多关键要素资源，更为开放的医疗试验环境可以帮助深圳企业通过合作开展更多创新试验。而香港也可凭借深圳蓬勃发展的生物制药产业强化上下游联动。

第三节　深港河套地区创建全球科技创新中心的战略定位

河套地区作为深港合作的一个重要平台，在宏观战略上，深港创新合作应紧紧围绕国家"一带一路"建设和粤港澳大湾区战略，遵循国际一流湾区经济发展规律，充分发挥深港作为粤港澳大湾区枢纽城市的优势，创新合作机制，整合粤港澳大湾区的各类要素资源和平台载体。

一、制度创新试点先行

深圳和香港在河套地区共同打造"深港创新与科技园"，由于两地在制度、货币、文化、法治等方面均存在较大差异，该科技园会产生要素的自然流动壁垒、人员流动不便、标准不统一、认定困难等问题。随着深港创新与科技园的开展，越来越多的现实问题会随着合作的深入不断出现。这时，就需要两地政府不断地协商、研究，形成统一的政策，以攻克这些问题。创新与科技园的实施能够对接两地的特殊的政策，能够在合作中取得促进创新要素自由流动、共建一流的营商环境、共创高水平合作平台等方面的经验，可以为大湾区科技创新以及后续规划的广深港澳科技走廊做示范。例如，两地政府对人才的认证应制定统一的标准。对于高层次人才认定，国家、地方级领军人才以及后备级人才认定要有一个统一的标准，保证在两地取得的认证证书在两地都能够认可，从而确保人才要素在两地能够自由流动。深圳和香港是粤港澳大湾区的核心城市，在发展上处于前列，所以其在河套地区的合作便被寄予制度创新改革"试验田"的厚望，其发展可以对大湾区中的其他城市起带头示范作用，未来将逐步在共促要素自由流动、共建高水平创新协同平台、共享创新创业资源、共谋国家科技创新体制机制突破等方面开展小范围风险可控的制度创新"压力测试"，以起到"小试点、大示范"的支点撬动和先行先试作用。

二、粤港澳大湾区创新的合作平台

深圳是粤港澳大湾区的主要科技创新中心，深圳、香港是创新的主要动力区。深圳、香港两地的创新状况对大湾区的科技创新有着重要影响，过去两地在科技创新中孤立发展，缺乏区域的整体性，难以形成合力。现如今，两地政府在落马洲河套地区合作打造深港创新及科技园，园区由两地政府合力推进，既有政府的政策支持，同时又有"一国两制"的优势，在园区内政府发布一系列特定的优惠、资金支持和鼓励创新的政策，扶持创新优势产业和战略性新兴产业做大做强。

一大批高科技企业向园区内聚集，能够在合作、竞争中互相推动创新能力的发展。在园区内引入高校合作机制，有利于优先获得先进的科研成果。政府、企业、高校聚集在科技创新园内，能够相互合作、相互学习、提升科技创新的实力，创造一种良好的文化氛围，在资源共享中为创新提供无形的动力；能够促使两地之间的深度合作，而不是一种简单的经贸活动；能够共同构建相互支撑的产业价值链，创新产业链和新兴产业集群，将进一步增强深港两地的创新能级，使粤港澳大湾区成为世界级的创新发展高地。

三、促进区域一体化发展

区域经济一体化必须具备人员、商品、资金、信息的自由流动以及克服税法制度不同的困难，包括"关税壁垒"和"税率差异"。粤港澳大湾区一体化发展需在"一国两制、三个关税区、三种法律体系"的独特制度环境下探索良好的合作机制，这是其与国际一流湾区建设最显著的不同之处，也是未来一体化发展必须突破的瓶颈。

在粤港澳大湾区中设立创新及科技园区，一方面，能够在大湾区内提供一个平台，在深港创新及科技园的带动下，使得大湾区内部的合作不再是一个简单的跨地区的经贸活动，而是推动从科技到产业链再到金融等方面的深度合作，促进要素在区域内自由的流动，促进突破高端、大型项目的事项性合作，促使区域内的合作实现多层次、宽范围、深程度的一体化发展。另一方面，能够创新知识，而知识作为经济增长的内生变量具有溢出效果。知识溢出所产生的外部经济效应是生产率提高和经济增长的关键因素，也是区域经济集群化发展的基础。创新及科技园区内的创新知识能够向外溢出，给区域内的其他城市提供资源和建立联系与互动。针对大湾区城市创新集群的空间联结与知识溢出效应，各个城市在创新网络承担不同，要实现城市的合理分工，使其用不同的角色参与在合作中。创新及科技园是一个创新知识输出的发动机，作为连接深圳与香港的纽带，不断向周边区域提供不竭的动力，广州、深圳、东莞以及珠海、中山这些城市承接利用创新知识，在合作中促进各个地区之间的沟通交流，促进人员、商品、资金的自然流通。

四、推动粤港澳大湾区的经济效益

创新是推动发展的第一生产力。区域创新系统是国家创新系统的延伸，是国家创新系统的重要层次。它是一个以市场为决定性因素的资源优化配置系统，推动整个区域科技创新发展的结果是由区域内各部门机构相互协作产生的。通过区域经济从粗放型向知识集约型逐渐转变，从而形成区域竞争优势，为国家创新系统的改进与发展创造条件。区域科技创新是指一个区域营造良好的科技创新环境，充分高效地利用内外部科技创新资源，协调区域内外部的科技创新竞争与合作，促进科技创新活动广泛开展，及时推广普及创新成果，实现信息共享和科技创新成果共享，从而使区域科技创新的竞争优势更加凸显，并辐射到其他地区，形成经济体新的增长极来带动国家。

　　深港科技及创新园的环境和服务以及各项优惠政策尤其是鼓励创新的政策吸引了大量高新技术企业进驻深港创新及科技园，从而促进企业以群体优势带动地方经济的快速发展。企业在特定区域的集群式发展，有利于形成区域产业优势和国际竞争力，成为驱动区域发展的重要力量。而创新是一个过程，是一个将科研成果转化为商品的动态链条，在链条的运转中有溢出效应，能带动其他产业和周边区域的协同发展。深圳、香港两地合作形成合力，整合效率，建立深港创新及科技园，不仅能够促使园区内的企业相互合作，还能促进周边企业与园区内企业合作，将合作延伸至园区外，带动大湾区其他城市的企业参与合作，共同创造经济利益，形成一个良好的循环。从产业链的角度看，香港基础科研力量雄厚，而深圳产业化效率更高，双方应建立协作机制，提供全产业链的支持性综合服务，使创新科技服务体系更为完善，实现科研成果直接在河套地区及大湾区城市范围内进一步产品化、商业化、产业化，实现优势互补，避免同质竞争。因此，深化粤港澳大湾区建设中的深港合作创新，能更充分地发挥市场机制对大湾区资源的整合效率，在互惠互利原则基础上，更易于建立粤港澳大湾区内各地域间的合理分工与协作体系，有效地避免市场分割，快速提升粤港澳大湾区经济的紧密联系和世界竞争力。

第四章

税收政策支持深圳科技创新的现实分析

第一节　深圳高新技术企业科技创新概述

40 多年来，深圳高新技术产业发展取得了令人瞩目的成绩，从"三来一补"加工贸易起步，逐步成长为以高新技术产业为主导的产业集群，完成了"深圳加工—深圳制造—深圳创造"的产业跨越升级之路，实现了从模仿创新向自主创新，从要素驱动到创新驱动的历史性转变。其产值从 1991 年的 47.32 亿元增加到 2018 年的 23871.71 亿元，国家级高新技术企业超过 1.4 万家，全社会研发投入超千亿元，占 GDP 的 4.2%，PCT 国际专利申请量居全国各大中城市第一，中小板和创业板上市企业总量连续 12 年在国内大中城市排名第一。2018 年，深圳 GDP 突破 2.4 万亿元，增长 7.6%，经济总量居亚洲城市前五，全国大中城市第三，高新技术产业增加值达到 8296.63 亿元，占全市 GDP 的 34.56%，高新技术企业总数为 1.44 万家[①]，仅次于北京，位列全国第二，形成了以企业为主体、以市场需求为导向的创新模式，培育了华为、腾讯、比亚迪、迈瑞、大族激光、朗科等一大批具有国际竞争力的行业龙头企业，创造了我国乃至世界区域性高新技术产业发展的奇迹。

---

① 白积洋."有为政府 + 有效市场"：深圳高新技术产业发展 40 年 [J]. 深圳社会科学, 2019 (5)：13 - 30, 155.

一、深圳高新技术产业发展现状

（一）高新技术产业成为深圳经济第一增长点和第一大支柱产业

由表4－1可知，2010～2019年，深圳高新技术产业产值规模增长迅速，从1992年的47.32亿元，增长到2019年的26277.98亿元，年均增长20.80%；高新技术产业产值占全市规模以上工业总产值的比重由1991年的8.1%上升到2018年的69.62%，增长了近8倍，增加值8296.63亿元，增长12.7%，对GDP的贡献率达29.64%，成为深圳经济的第一增长点和第一大支柱产业。

表4－1 　　　　　2010～2019年高新技术产业中各产业产值情况 　　　　　　单位：亿元

年份	高新技术产品产值	电子信息产业	新能源及新材料	光机电一体化	生物技术	环保其他
2010	10176.19	8963.26	553.88	490.78	101.16	67.11
2011	11875.61	10451.08	650.90	574.62	119.88	79.13
2012	12931.82	11360.20	722.50	625.70	134.10	89.30
2013	14159.45	12442.42	789.66	682.88	147.78	96.71
2014	15560.07	13689.76	337.59	728.50	724.88	79.34
2015	17296.87	15269.85	782.69	790.70	358.93	94.70
2016	19222.06	17096.10	804.64	844.31	367.07	109.94
2017	21378.78	19110.44	840.00	921.40	376.36	130.59
2018	23871.71	21445.74	861.98	1007.45	401.38	155.16
2019	26277.98	23723.11	876.45	1080.49	416.44	181.49

资料来源：深圳市科技创新委员会网站。

（二）产业链完善，产业集群效应明显

建立和形成了以电子信息产业为主导的高新技术产业集群，集群效应显著，配套能力强大。目前，深圳有六大高新技术产业链：一是计算机及外设制造产业链。有1500多家企业，周边还有1500多家，形成了配套齐全的产业链。二是通信设备制造产业链。由华为与中兴引领的通信产品生产研发的企事业单位856家，生产515种通信产品及其配套产品。三是充电电池产业链。以全球领先地位的比亚迪公司为龙头，生产企业20多家，相关配套企业50多

家。四是平板显示产业链。以华星光电为龙头，在光明新区形成了液晶平板产业群，目前有近百家企业从事平板显示及相关器件生产，包括 PDP、TFT-LCD、OLED，从导电玻璃材料到控制芯片，形成了全面的配套能力。五是数字电视产业链。从数字电视标准研制到数字电视发射设备，从高清晰度电视机顶盒到数字电视机顶盒，从数字电视的地面传播到数字电视的有线传输，形成了一批研发生产企业。六是生物医药产业链。初步形成了从检测试剂、生物疫苗、生物芯片、生物药物到基因治疗药物的产业链。其中，科兴、康泰是全国最大的生物医药生产企业，赛百诺是世界第一家获批准的基因治疗药物生产企业，生物医药企业和产品双双超过百家。由于深圳企业处在产业链中高端和关键环节，带动了周边地区产业发展和集聚，形成了产业集群。

由表 4-2 可知，新能源及新材料、光机电一体化、互联网、文化创意和新一代信息技术等战略性新兴产业也呈现较好的发展趋势。2018 年，战略性新兴产业增加值合计 9155.18 亿元，增长 9.1%，占 GDP 的 37.8%。2019 年，战略性新兴产业中，新一代信息技术产业增加值 5086.15 亿元，增长 6.6%；数字经济产业增加值 1596.59 亿元，增长 18%；高端装备制造产业增加值 1145.07 亿元，增长 1.5%；绿色低碳产业增加值 1084.61 亿元，增长 5.3%；海洋经济产业增加值 489.09 亿元，增长 13.9%；新材料产业增加值 416.19 亿元，增长 27.6%；生物医药产业增加值 337.81 亿元，增长 13.3%。

表 4-2　　　　　　　　2014~2018 年深圳新兴产业增加值情况

年份	新兴产业增加值（亿元）	增加值增长率（%）
2014	5855.95	13.50
2015	7205.40	16.10
2016	8091.67	10.60
2017	9187.19	13.60
2018	9155.18	9.10
2019	10155.51	8.80

资料来源：2014~2018 年《深圳统计年鉴》。

（三）高新技术企业规模和实力不断扩大，竞争力提升

一批具有国际竞争力的高新技术企业迅速成长，如图 4-1 所示，截至 2018 年底，全市从事高新技术产品研发和生产的企业超过 3 万家，高新技术

企业14415家，居全国第二，形成了通信、计算机、软件、生物医药、新材料、新能源等具有较强竞争力的产业集群和良好的企业梯队。其中，销售额超千亿元的3家，超百亿元的17家，超十亿元的157家，超亿元的1203家，在新三板挂牌的企业有600多家，深圳本地企业在中小板和创业板上市的企业连续9年居大城市首位。

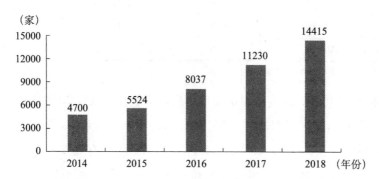

图4-1　2014~2018年深圳国家级高新技术企业数

资料来源：深圳市科技创新委员会网站。

（四）科技创新能力大幅提升，创新成果大量涌现

现有大部分文献主要是通过R&D经费投入、人员投入和有效专利数对企业科技创新能力进行衡量，本节也从这几方面对我国高新技术企业的创新能力进行研究。

由表4-3可知，在过去的10年中，研发经费投入及投入强度逐年上升。具体来说，2018年，深圳企业研发经费支出总额达到1163.5386亿元，是2008~2018年R&D经费支出的最大值。R&D人员折合全时当量除2013年和2014年出现负增长以外，其他年份都呈现正增长率，说明研发人员的数量总的趋势是不断增加的，2018年的增长率高达46.34%。

表4-3　　　　　　深圳市企业科技活动相关情况

年份	R&D经费支出（亿元）	增长率（%）	R&D人员折合全时当量（年人）	增长率（%）
2009	279.71	—	123651	—
2010	333.31	19.16	157429	27.32
2011	416.14	24.85	158023	0.38
2012	488.37	17.36	192584	21.87

续表

年份	R&D 经费支出（亿元）	增长率（%）	R&D 人员折合全时当量（年人）	增长率（%）
2013	584.61	19.71	181321	-5.85
2014	640.07	9.49	163689	-9.72
2015	732.39	14.42	173764	6.15
2016	842.97	15.10	176040	1.31
2017	976.94	15.89	196398	11.56
2018	1163.54	19.10	287408	46.34

资料来源：2008~2018 年《深圳统计年鉴》。

由表 4-4 可知，从专利申请总量和授权总量看，截至 2018 年底，深圳累计有效发明专利量达 118872 件，同比增长 11.18%。每万人口发明专利拥有量为 91.25 件，为全国平均水平（11.5 件）的 7.9 倍。有效发明专利 5 年以上维持率达 85.6%，居全国大中城市首位（不含港、澳、台地区）。2012 年，深圳荣获首个"国家知识产权示范城市"称号，第二十届中国专利奖评审中获得专利金奖 4 项，占全国总数（30 项）的 13.3%；获得专利优秀奖、外观设计优秀奖分别为 51 项和 8 项，占全国总数的 20%，居全国大中城市第一。截至 2018 年底，深圳累计拥有中国驰名商标 183 件，从全国范围看，名列前茅。

表 4-4　　　　2008~2018 年深圳市专利申请及授权情况

年份	专利申请总量（件）	同比增长（%）	专利授权总量（件）	同比增长（%）
2008	36249	1.23	18805	20.92
2009	42279	16.63	25894	37.70
2010	49430	16..91	34951	34.98
2011	63522	28.51	39363	12.62
2012	73130	15.13	48662	23.62
2013	80657	10.29	49756	2.25
2014	82254	1.98	53687	7.90
2015	105481	28.24	72120	34.33
2016	145294	37.74	75043	4.05
2017	177103	21.90	94250	25.59
2018	228608	29.08	140202	48.76

资料来源：2008~2018 年《深圳统计年鉴》。

二、深圳产学研一体化概述

创新是一个涉及多主体、多要素的庞大而复杂的系统工程，高等院校、科研院所、企业等主体在创新体系中扮演不同角色。产学研一体化是推进协同创新和实现创新驱动的核心问题，深圳对产学研合作进行了持续的探索，成为科技成果产业化的沃土。其主要特点有：一是以科技型企业为绝对主导，即90%以上的研发人员集中在企业，90%以上的研发资金来源于企业，90%以上的研发机构设立在企业，90%以上的职务发明专利产生于企业。二是注重创业孵化，深圳在产学研合作中高度重视创业孵化，大量国内先进科技成果都是通过到深圳创业孵化的形式实现产业应用。尤其是近几年，深圳创新载体呈现裂变式发展，陆续建成国家超级计算深圳中心、大亚湾中微子实验室、国家基因库、鹏城实验室等，国家、省、市级重点实验室、工程实验室、工程（技术）研究中心和企业技术中心等创新载体由2012年的738家增加到现在的2214家，其中，国家级115家、省级594家，覆盖了国民经济社会发展的主要领域，成为集聚创新人才、产生创新成果的重要平台。如图4-2所示，深圳依托单位为高校的创新载体也呈上升趋势。

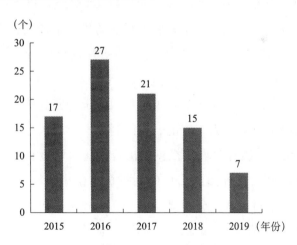

图4-2 深圳依托单位为高校的创新载体

资料来源：深圳市科技创新委员会网站。

三、深圳创投行业投资情况概述

作为高新技术产业较为发达、金融体系较为完善的城市，深圳充分利用金融市场的融资能力，通过科技与金融的结合促进自主创新能力的提升。2018年，我国金融环境以严监管、去杠杆为主要基调，在此背景下，整个金融行业流动性降低，投资市场资金全面紧缩；资本市场上，由于股市低迷，众多上市公司面临质押风险；在外部经济环境上，世界经济复苏面临重大挑战，由于美国的贸易保护主义，挑起了全球的贸易战，尤其是中美之间贸易摩擦，对中国企业的出口造成了较大压力；创投领域方面，尽管整体上缺乏热点，但互联网、人工智能、汽车、医疗健康、金融科技领域内的创投活动依旧活跃，呈现出百家争鸣的局面。

2018年，深圳创投机构在IPO退出的笔数上，受宏观金融环境影响，下降32%。这跟全国相比，下降幅度较大，这表明深圳创投机构的项目退出方式以国内IPO为主。2017年，投资规模最大的行业为医疗健康，投资金额达74.60亿元，紧随其后投资较高的行业有工具软件、企业服务、电子商务，其投资金额分别为49.68亿元、47.08亿元、43.54亿元，此外，汽车交通、硬件、文化娱乐、金融四个行业的投资金额也较为可观，以上八个行业的投资金额共计355.77亿元，约占深圳创投行业当年投资总额的74%。2018年，尽管中国创投行业发展受资本寒冬的影响而出现下滑，但深圳创投行业从投资金额到投资项目的数量上却是逆势增长。同时，深圳创投机构的投资方向往人工智能、智能制造、健康医疗等新兴产业发展（如图4-3所示），还有深圳创投机构出现分化，资金和项目向品牌知名度高、基金业绩好、管理团队出色的创投机构集中。深圳创投机构2018年的投资总额与项目总数，分别提高了8%和36%，创业资本规模的扩大为新兴产业创新创业营造了良好的环境，促进了深圳科技创新能力的提升。

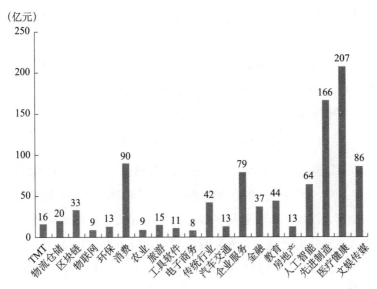

图 4 – 3　2018 年深圳创投行业投资金额

资料来源：深圳市科技创新委员会网站。

第二节　深圳税制支持改革创新发展的主要历程

改革开放以来，深圳在中央的大力支持下，基于特区特殊的功能定位以及自身经济发展的实际，积极主动、大胆创新，不断探索、改革和完善特区税制，逐步建立起与社会主义市场经济发展相适应的所得税制、流转税制以及促进产业结构优化升级的税收优惠政策，在推动特区经济持续快速发展与税收收入增长方面发挥了重要的作用。

一、企业所得税制改革：率先推出 15% 企业所得税率，营造低税负的营商环境

特区创立之初，经济规模小，税收收入少，缺乏特区建设的资金，为此，广东省委大胆提出了发展的设想：要利用临近港澳等有利条件，吸引外资，扩大出口。而当时特区仍沿用传统的产品经济税制，这种计划经济的产物随着特区经济迅速起步，其不适应性日益突出，主要表现在：企业所得税方面主要是税率偏高；不同经济性质的企业分别执行不同税法或条例，各类型企业适用税率存在差

距，导致税负分配不公；国营企业所得额扣除项目较多，造成财政收入流失；成本费用开支范围和标准缺乏规范化，政出多门，制度不一，效率低下等。

面对这些问题，特区政府先行先试，大胆改革创新，在不同经济发展阶段对企业所得税制度实施了多项改革，承担起"试验田"的责任，开始了艰辛的税制改革探索历程。

（一）第一阶段：实施15%超低企业所得税率吸引外资企业（1980～1984年）

这一时期是特区成立初期，在基本执行传统的全国统一税收政策条件下，为吸引外商投资，促进外向型经济发展，特区税收政策开始了局部性的外向性改革。1982年，深圳市政府和税务局分别发出《关于征收所得税问题的补充通知》和《关于外国企业、中外合资经营企业等缴纳工商统一税和所得税若干政策问题的通知》，规定特区中外合资企业、中外合作企业、外国企业（以下简称"三资企业"）应依法缴纳工商统一税和所得税，所得税减按15%的税率征收，对进口生产所必需的生产资料免征工商统一税。当时，全国的中外合资企业所得税率为30%，外资企业适用税率为45%，国营企业适用税率为55%，集体企业适用税率为35%，而对比深圳率先对三资企业实行的15%的超低所得税率，可见特区企业所得税优惠力度之大，是深圳特区税制中最为核心的优惠政策，吸引了大量三资企业的投资进入。

随着对外开放的深入推进，特区涉外税制也在不断进行改革和完善。1984年，国家税务局和财政部通过对沿海地区4个城市的调查，确定了经济特区和14个沿海城市的税收优惠政策。11月，国务院发布《关于经济特区和沿海十四个港口城市减征、免征企业所得税和工商统一税的暂行规定》，主要针对外商投资企业，包括对在经济特区内开办的中外合资经营、中外合作经营、外商独立经营企业，从事生产、经营所得和其他所得，减按15%的税率征收企业所得税；对在特区内开办的中外合资、合作、外商独资企业，一律免征地方所得税；根据外商投资行业、年限、投资额等制定了两年免、三年减半征收企业所得税的优惠措施等，这些对外资企业税收优惠更加明确全面的规定，奠定了经济特区所得税税收优惠的基本框架。这一阶段的改革创新，以对三资企业实行15%的企业所得税率为核心内容，为深圳吸引了众多外资，筹集了建设发展的资金，为经济蓬勃发展打下了坚实基础。

（二）第二阶段：对内资企业也实行15%超低企业所得税率发展内联企业（1985～1988年）

改革开放之初的深圳市人口不多，资金和技术也比较匮乏，仅靠优惠的税收政策，对于吸引外资、发展外向型经济是远远不够的，必须要保证特区内有合适的企业可以和外资企业联合组建。因此，这一阶段改革的重点是必须发展内联企业。

1985年6月，财政部出台《关于深圳特区内资企业征税问题的暂行规定》。1986年6月，深圳市税务局发布了《转发财政部关于深圳、珠海、汕头、厦门经济特区内联企业征收企业所得税问题的通知》。两年间连续出台了几个税收政策文件，以鼓励发展特区的内联企业，规定对特区内资企业（国营企业、集体企业和个体经营户），不论经济性质和隶属关系，一律按15%的比例税率就地缴纳所得税。

当时，全国已分别于1983年和1984年实施了两步利改税，对内资中的国营企业、集体企业开征企业所得税，税率为10%到55%的超额累进税率，而深圳则从1985年起，不仅对特区地方国营企业，而且对所有内资企业，不论其经济性质、隶属关系、规模大小，凡从事生产经营或其他经济活动，只要获得利润收入，一律以独立核算的单位为纳税人，在当地缴纳15%的企业所得税。

与此同时，特区统一了所得税的征税对象和计税依据。规定了企业所得税征税对象是企业、单位的生产经营所得和其他所得，包括从联营或其他企业分得的所得税税前利润、股息、购买各种债券利息（国库券利息除外）以及营业外收益。1986年，根据《广东省经济特区国营企业成本管理试行办法》精神，结合特区实际，深圳对内资企业计税成本、费用的列支范围和标准作出补充和调整。特区还完善了一些减免税政策，将全国国营企业、集体企业所得税中的行业性减免政策改为投资政策性减免和扶持照顾性减免。

这些政策以对内资企业实行15%的超低所得税率最为突出，吸引了一大批省份、中央各部委的企业来深圳投资，对深圳内资企业的发展起到巨大的推动作用。

（三）第三阶段：统一内、外资企业税收优惠政策（1988～2007年）

经过多年分别对内、外资企业的税制改革后，特区的内、外资税制仍有较大差别，为适应市场经济发展需求、构建更为公平的竞争环境，深圳特区更加主动积极地对所得税进行探索改革。1988 年 8 月，深圳市政府颁发《关于深圳经济特区企业税收政策若干问题的规定》，规定内、外资企业统一使用 15% 的所得税税率，并适用"生产型企业二免三减半，服务型企业一免二减半"的所得税优惠政策。在企业所得税税收优惠方面，内、外资企业已基本保持一致。1992 年 5 月，深圳市政府以《中华人民共和国外商投资企业和外国企业所得税法》为基础，结合深圳实际，颁布《深圳经济特区企业所得税计税标准暂行规定》，统一了深圳特区内、外资企业所得税的计税标准和成本扣除范围，从而率先在特区建立起完整、规范、统一的企业所得税制，比 2008 年全国企业所得税两税合并整整提前了 16 年。

1994 年，本着公平税负、简化和优惠税制结构的原则，我国推行了新中国成立以来最大的税制改革。这一阶段的深圳税制改革，主要是在贯彻落实国家税制体系的同时，一定程度上保持了特区税收体制的特色和优惠政策。全国税制改革后，在《中华人民共和国企业所得税暂行条例》和《中华人民共和国外商投资企业和外国企业所得税法》的框架下，特区企业依然执行 15% 的企业所得税率，而不是内资企业执行 33% 的税率、外资企业执行 30% 的税率；依然执行 1992 年的计税标准规定及 1988 年的税收优惠规定。

（四）第四阶段：争取中央支持，利用五年缓冲过渡期，逐步实现与全国统一的企业所得税制（2008 年以后）

2008 年 1 月 1 日，新企业所得税法颁布，实现全国内、外资企业所得税制的统一，标志着我国 20 多年来内外有别的企业所得税双轨运行时代的终结，特区税制也被纳入全国税制的整体框架中。新税法实施后，深圳原有 15% 的税率优惠政策以及定期减免税优惠政策均被取消，仅有部分优惠政策明确可以享受过渡期待遇。例如，原享受企业所得税 15% 税率的企业，2008 年按 18% 税率执行，2009 年按 20% 税率执行，2010 年按 22% 税率执行，2011 年按 24% 执行，2012 年及以后按 25% 执行；2007 年 3 月 16 日以前在深圳市设立的外资企业，其原来享受的生产型企业"两免三减半"、港口码头开发经营企业"五免五减半"、高新技术开发区"两年免税"及特区服务性企业"一免两减半"同样可以享受过渡期优惠。深圳特区利用这五年缓冲过渡期，逐步实现了与全国统一的企业所得税制，基本不再具有特殊性。

二、流转税制改革：以"地产地销"政策为核心，大幅度减免工业企业流转税

改革开放初期，深圳也是按照全国统一税法要求，对外资企业实行工商统一税，对内资企业实行工商税。但以上两税种均按流转额全值征税，存在严重的重复征税问题，造成税负分配不公，既不利于生产和流通，也不利于专业化分工和协作生产。为进一步完善深圳特区的流转税制，深圳特区开始了对流转税的探索与改革，逐步建立起了与市场经济发展相适应的流转税制。

（一）第一阶段：实施"地产地销"减免税政策优化投资环境（1980～1985 年）

1984 年，深圳特区对流转税制进行全面改革，将工商税分解为产品税、增值税、营业税和盐税四个税种，各司其职，互不交叉。产品税和增值税对生产环节和进口环节征收，营业税则主要对商业、交通运输、服务业征收，并结束了近30 年对商业批发不征税的做法，恢复了征收调节批发环节的营业税。但是，此次流转税改革不涉及外资企业，外资企业仍沿用 1958 年颁布的工商统一税条例。

为了进一步扩大对外经济合作和技术交流，加快外向型经济发展，对特区生产型外资企业和内资企业在本特区内生产、并在本特区内销售的产品，除各种矿物油、烟、酒按法定的税率减半征收产品税和对电力按规定税率征收外，一律免征产品税或增值税（简称为"地产地销"减免税政策）。地产地销政策进一步繁荣了特区经济，使深圳成为外商投资的热点，其出口创汇能力也得到了大幅提升。

（二）第二阶段：统一特区内流转税制（1985～1993 年）

内资与外资企业有别的流转税制并存，导致内、外资企业生产同一产品，需执行不同的税制、适用不同税率、贯彻不同的征免规定，导致内、外资企业因税负不同而盈利不均的情况出现，且随着特区社会经济的迅猛发展，原有流转税制下税种、税目、税率的设定难以适应不断涌现的新技术和新产品。为公平内、外资企业税负，提供平等纳税、有利竞争的良好环境，特区政府于1988 年 8 月颁布了《关于深圳特区企业税收改革若干问题的规定》，对所有在深圳特区的企业，不分内、外资企业，统一征收产品税、增值税、营业税和城市维护建设税，率先停止执行工商统一税，从而统一了深圳特区的流转税制。

（三）第三阶段：1994 年全国统一税制，深圳的"地产地销"继续保留

1994 年全国税制改革后，深圳特区力保流转税逐步过渡，包括减免税的规定。例如，特区企业不论经济性质，凡经营粮食、食用植物油单独核算的业务收入，在 1995 年底以前免征增值税；深圳市供电局在深圳市范围内销售的电力，由深圳市供电局按当期实际取得的销售额，依核定的征收率 2% 计算供电环节增值税；深圳市免税商品供应总公司、深圳经济特区免税商品企业公司及其所属免税商店，经营免税货物，一律按不含税的销售总额，依 6% 的征收率征收增值税。此外，考虑到深圳特区特殊的功能定位，1994 年后还保留了深圳特区对于一些进口物资实行免税（或一定时间内先征后退）的增值税政策或保税政策。

但最重要的是经过多方努力，深圳特区保留了"地产地销"的减免税优惠政策，这一政策继续执行到 2003 年。

（四）第四阶段：进行营改增试点，率先在全国推行全面营改增（2008 年以后）

深圳于 2012 年 11 月成为国家首批"营改增"试点地区。"营改增"后，个别行业的税收政策有所调整，但企业总体税负大体保持只减不增。全面推开"营改增"试点，基本内容是实行"双扩"，一是扩大行业试点范围，二是将不动产纳入抵扣范围。届时，现行营业税纳税人将全部改征增值税，其中，建筑业和房地产业适用 11% 税率，金融业和生活服务业适用 6% 税率，无论是制造业、商业等原增值税纳税人，还是"营改增"试点纳税人，都可抵扣新增不动产所含增值税。

全面推开"营改增"试点，实现了增值税对货物和服务的全覆盖，基本消除了重复征税，打通了增值税抵扣链条，促进了社会分工协作，有力地支持了服务业发展和制造业转型升级，比较完整地实现了规范的消费型增值税制度，进一步减轻了企业税负，用短期财政收入的"减"换取持续发展势能的"增"，有利于扩大企业投资，增强企业经营活力。

三、鼓励高新技术产业发展"22 条"：勇于创新，以大力度税收优惠促进产业结构转型升级

特区早期发展主要依靠的是优惠政策，少税种、低税率、轻税负、多优惠

等一系列措施，极大地促进了特区经济社会的蓬勃发展。但进入20世纪90年代，深圳市政府也意识到，"三来一补"企业存在科技含量低、规模小、用工多、耗费大、效益低的弊端，提出了防止产业"空心化"、促进产业结构转型升级的政策建议，经过调研后，1999年9月，深圳市政府颁布的《印发关于进一步扶持高新技术产业发展的若干规定（修订）的通知》，共22条（以下简称"22条"）。"22条"中有8条直接涉及税收优惠政策，这8条充分用足用好了各项优惠条件，给予了高新技术企业极大力度的扶持。

（一）在15%的企业所得税率基础上实行"两免八减半"

"22条"在企业所得税方面主要采取对高新技术企业免税与减半征收的优惠政策，其中尤其以第8条"对新认定的生产性高新技术企业实行两年免征企业所得税、八年减半征收企业所得税"的规定最为突出。通过此次在15%基础上的减半，使得当时的深圳高新技术企业，执行的是7.5%的企业所得税率，这一税率还不到当时全国33%税率的1/4，也不到世界著名自由港香港利得税率的一半。这个被业界广泛赞誉的"两免八减半"对深圳高新技术企业的培育、发展和壮大，发挥了至关重要的作用。同时，对于拥有自主知识产权的高新技术转化成果项目，也有五年免征所得税的优惠；对从事高新技术产品开发企业自行研制的技术成果转让及所发生的技术咨询、技术服务和技术培训所得，年净收入在50万元以下的部分也免征企业所得税。

（二）对增值税地方分成部分实行财政返还

"22条"在增值税方面主要采取对高新技术企业和项目的增值税返还地方分成部分的优惠政策，比如，对经认定的拥有自主知识产权的高新技术成果转化项目，五年返还增值税地方分成部分的50%；高新技术企业和高新技术项目的增值税，可以上一年为基数，新增增值税的地方分成部分，从1998年起三年内由市财政部门返还50%；属于国家级新产品试制鉴定计划或试产计划的产品，由市财政部门对新增增值税的地方分成部分返还50%；经市科技主管部门鉴定，属于深圳市注册企业自行开发并达到国内先进水平、具有重大推广应用价值的计算机软件，年销售额达到1000万元以上的，三年内由市财政部门对该产品新增增值税的地方分成部分全额返还企业等。

"22条"不仅直接引发了深圳新一轮高新技术产业的发展热潮，奠定了深圳在全国高新技术产业的领先地位，而且开创了国内以系统的优惠政策促进高新技术产业发展的先河，其中很多政策被中央吸收，后逐步推广到全国范围。2008 年全国新一轮税制改革帷幕拉开，取消了地区的特殊优惠政策，深圳的税收优惠政策也不再具有特殊性。

四、减免进口货物物品关税，以特别的关税制度安排，推动外向性经济发展

改革开放初期，当时深圳虽然不是自贸区或保税区，但为了促进特区外向型经济的快速发展，1981 年 7 月，中共中央、国务院在批转《广东、福建两省和经济特区工作会议纪要》中明确，海关对特区进口货物、物品，要给予特殊的关税优惠，凡经批准进口供特区使用的生产资料和消费资料，除烟、酒按最低税率减半征收，少量物品照章征税外，其他均免征关税。实际上，深圳当时的免关税政策与现在的自贸区、保税区和自由港相比，优惠力度更大，在改革开放初期，为深圳特区吸引外资、促进对外贸易和外向性经济的蓬勃发展创造了条件。

在党中央国务院以及有关部委的大力支持下，深圳经济特区在税收政策上，通过以上四个方面的改革和完善，初步形成与国际接轨、符合社会主义市场经济要求、具区域特色的经济特区税收制度。

第三节 税收政策支持深圳创新发展的经验与启示

随着粤港澳大湾区建设上升为国家战略，作为中国经济增长的新动能和新增长极，将其建设成比肩甚至超越纽约湾、旧金山湾区、东京湾区等世界级湾区的时机已经成熟。寻找到推进"一带一路"、对外开放、建立创新性国家和增强国际竞争力、深化供给侧结构性改革和实现区域一体化的战略发展联结点至关重要。《关于深港推进落马洲河套地区共同发展的合作备忘录》的签署，深港两地将河套地区合作发展为"深港创新及科技园"的规划正中了战略发展联结点的靶心。未来，打造深港科创合作特色发展平台，构建适应河套地区科技创新集聚效应和协同效应发挥的制度架构是决策者需要考虑的重大问题。

总结经验，继续运用税收制度发挥其在制度架构中的关键性地位，继续推动改革向深水区进行，是贯彻习近平总书记新时代中国特色社会主义思想、实现"两个一百年"目标和中华民族伟大复兴的基本要求。

一、解放思想，敢试敢闯，是深圳税制改革成功的最重要经验

改革开放，首先是要解放思想，然后是找准突破口，围绕改革大方向，大胆地试、勇敢地闯。深圳历次重大税制改革方案，都是从深圳经济运行的实际情况出发，通过大范围、深入、严密的调查研究，在充分了解企业发展的实际后，经过深思熟虑初步提出。而后，组织召开全国性的税收研讨会，邀请财税理论界的专家学者对改革方案进行反复探讨、论证，广开言路，集思广益，使方案不断臻于完善。对于每一次重大改革，深圳税务部门不但积极主动向市委市政府领导汇报，还要向国家税务总局领导汇报，而各级领导对深圳税改的全力支持，以及对深圳税务部门勇于探索、不怕冒险、敢试敢闯精神的充分肯定与鼓励，也构成特区税制改革得以顺利推进、特区经济迅速腾飞的重要支撑力量。

改革创新就是要突破旧的思想和体制的束缚，探索出一条"解放生产力、发展生产力"的新制度和方法，所以必须要"敢试敢闯"。深圳特区自成立伊始即采用市场调节手段进行资源配置，而特区经济的迅速起步，也随之催生出众多新的经济组织形式与经济活动方式，与原有计划经济体制下传统的产品税制极不适应。在等待观望、裹足不前与先行先试、大胆创新之间，深圳选择了后者，毅然决定分步骤统一内、外资企业所得税征收办法，并大胆开展流转税制改革的探索。诚然，改革需承担不可预知的风险和压力，但是，特区政府基于对国内外经济形势的准确判断以及对税收本质的深刻理解，所做出的一系列理论创新与制度创新，其开创性、前瞻性与突破性已经被实践所证实。

正如邓小平同志所说："深圳的重要经验就是敢闯。没有一点闯的精神，没有一点冒的精神，没有一股气呀、劲呀，就走不出一条好路，走不出一条新路，就干不出新的事业。"

二、中央支持，主动担当，是深圳税制改革成功的重要法宝

从当初广东省委第一书记习仲勋同志向中央提出建议到改革开放总设计师

邓小平同志决定建立第一个经济特区，深圳自成立以来始终得到党中央和国务院的高度重视和亲切关怀，这在特区40多年税制改革发展上体现得尤为充分。1985年，正是在财政部、国家税务总局的大力支持下，财政部颁发的《财政部关于深圳经济特区内资企业征税问题的暂行规定》得以落地，才正式奠定了深圳税制改革的基础。深圳市委市政府对这个文件非常重视，专门召开了全市工商企业大会进行贯彻，由此拉开了深圳特区税制改革的大幕。回顾特区40多年税制发展史，深圳税收制度随着特区的创办而产生，随着特区的发展而不断的改革和完善，每项重大税制改革顺利渡过难关的背后，都离不开各有关方面特别是党中央和国家层面对特区税制改革倾注的热情心血、给予的大力支持。实践证明，伟大的事业必须要有坚强的党来领导。税制改革要想取得成功，首要的是坚持解放思想，但最根本的是坚持党的领导。没有党中央和国家层面的智慧和支持，就没有特区税制改革的解放思想、敢试敢闯，就不可能有深圳40多年税制改革的成功。

同许多新事物成长发展一样，深圳的改革开放也不是一帆风顺的。开放的大门刚打开，各种没有见过的新情况向深圳这扇"窗口"、这块"实验田"扑面而来。许多从未遇到过的新问题层出不穷，"特区失败论"的幽灵几度在空中游荡。但是，深圳坚定改革开放信念，咬定青山不放松，主动担当作为，积极与上级沟通，争取更多的中央支持。在党中央的坚强领导和有关部委的大力支持下，创造性地自下而上开展工作，在全国其他经济特区和沿海开放城市也具有相同政策的情况下，深圳对税收优惠政策领悟最深、落地最快、执行最到位、效果最显著。

三、勇立潮头，对标国际，是深圳税制改革的精神动力

20世纪80年代以来，供给学派的减税理论风靡全球，其核心是减少政府对经济的过度干预，实现税制公平与效率的兼顾，从而刺激投资，提升微观市场主体的活力和竞争力，进而促进经济增长。事实上，深圳特区的税制改革也是与国际税制改革同步进行调整与完善，以更好地促进改革开放和利用外资。以涉外企业所得税制为例，深圳于1988年8月起对特区内各类型企业统一征收产品税、增值税、营业税、城市维护建设税、企业所得税等，停止执行工商

统一税，统一房产税、车船使用税，开征印花税和特别消费税。这些重大改革措施，在所得税、流转税方面结束了内外两套税制的历史，其超低税负的税制设计，对企业的优惠程度甚至超过世界著名的自由港香港，从而成为诱导资金投向、调节产业结构的重要杠杆，并迅速吸引了众多国际资本及内联企业到深圳投资设厂。

勇立潮头，敢为人先。1986 年以来，在既无经验又没有现成模式的情况下，深圳经济特区经过积极探索，努力实践，大胆借鉴国际反避税工作的先进经验和做法，实现反避税工作从无到有、从小到大，形成了以严密的工作规程为基础、现代化的信息网络为依托、参照国际惯例运行的反避税新机制，在维护国家税收权益、营造公平税收环境、规范反避税操作程序及完善反避税法规等方面做出了突出贡献。40 多年来，深圳经济特区在税制改革过程中坚持既借鉴国外、又协调内地，既有利于引进外资、又维护国家权益，既增强企业活力、又保证财政收入，很好地确保了这项系统工程的顺利推进。

四、重点突破，整体推进，是深圳税制改革成功的有效途径

税制改革是一项综合的系统工程，涉及各个方面，工作千头万绪，税收政策和税收制度的问题，不可能一下子都得到解决。必须确立一个目标后，按照急缓难易分步进行，才能达到预期目的。特殊的区域优惠、产业鼓励政策，对一个经济特区的发展，特别是对特区设立初期的招商引资、集聚资金流、积聚人才流至关重要。在特区创办初期，深圳为了吸引外资和先进技术，制定外商投资企业的税收优惠办法是当务之急。

1985 年以后，为了增强经济特区对外资的吸引能力，必须要有更多可供外资进行横向联合的内资经济实体，深圳需要更多的内联企业来深圳发展落户。因此，1985 年以后税制改革的重点，转移到决议制定特区内资企业的税收优惠问题上。旧的问题解决了，新的矛盾又出现，就是如何解决公平税负、平等竞争问题。这就牵涉到按照产业政策统一特区的税收优惠政策、统一特区的税法问题。由于已有外商投资企业和内资企业两套税收优惠办法作基础，按产业政策统一特区税收优惠政策较为容易，因而在 1988 年顺利完成。而统一税法关系到立法权问题，比较困难。因此，就从特区有权确定的房产税、车船

使用税等地方税改革开始。同时，虽然统一流转税的税种难度大，但流转税存在的问题较多，足以影响公平税负，所以1988年把统一特区的流转税作为当务之急去完成。进入20世纪90年代，"三来一补"企业存在的种种弊端，使深圳市政府意识到转型升级迫在眉睫。在此背景下，深圳促进高新技术产业发展的"22条"正式出台。

实践证明，以问题为导向，重点突破，循序渐进，是搞好税制改革的有效路径。

五、从特殊优惠，逐步到全国统一，是深圳税制改革发展的主基调

特殊的区域优惠和产业鼓励政策，对一个经济特区的发展，特别是对特区设立初期的招商引资、集聚资金流、积聚人才流至关重要。综观世界各国经济特区的设立和发展，都离不开特殊政策的支持和鼓励，而在财政、税收、金融、土地及厂房租金、外汇等一系列的优惠政策中，税收优惠政策（主要所得税和关税）是最基础、最主要和最有效的。

中央最初设立经济特区，基本定位是对外开放的"窗口"、探路的"排头兵"、改革的"试验田"，主要目的是为全国的改革开放"摸着石头过河"探路和积累经验。但"文革"后的中国，从中央到地方都是一穷二白，所以邓小平对当时广东省委的主要领导同志说："中央没钱，可以给一些政策，你们自己去搞，杀出一条血路来！"既然要求经济特区担当特殊使命，中央答应给政策，这些政策就是特殊的政策，更是特殊优惠的政策。从深圳发展的历史经验来看，中央赋予和地方创新出台的一系列特殊的税收优惠政策，对深圳经济特区的初创、发展、壮大，以及对深圳产业结构转换升级发挥了重要作用、产生了明显效果。

更为重要的是，深圳这座年轻的城市，按照中央最初的战略部署和要求，作为对外开放的"窗口"，引进了大量外资、先进的技术和管理经验；作为探路的"排头兵"，杀出了"血路"、探出了"新路"；作为改革的"试验田"，为全国的改革开放做了大量实验、积累并复制推广了许多宝贵经验。随着深圳和其他经济特区、上海浦东新区等成功经验的全国推广，当初"先行先试"特惠已变成改革开放40多年来全国的普惠。在税收政策上，深圳也逐步过渡到了全国统一的税收制度。

第五章

税收政策支持深圳科技创新的实证分析

河套地区建设港深创新及科技园需要双方合作，实现优势互补，香港在园区内提供前沿科研成果，深圳则利用企业的科技成果转化能力，实现科研成果的市场价值，双方借助这一平台可以打造一条从基础研究到科研成果转移转化的高效链条。因此，有必要基于已有学者的相关研究和深圳的相关数据，对当前深圳创新产业价值实现水平及其影响因素进行实证分析，为河套地区港深创新及科技园的发展提供合理的指导建议。

第一节 研究基础

一、要素投入与科技创新的相关研究

在创新的财力投入方面，大量学者的研究表明，财力资源投入与科技创新绩效具有显著的正相关关系（薛超和胡先杰，2013）。周方圆（2019）实证研究发现，加大研发资金投入力度是提升战略性新兴产业技术创新绩效的必然选择，也是战略性新兴产业保持不断增长的内在动力。还有一部分学者研究发现，政府的财政补贴对科技创新存在正向激励效应。例如，储德银等（2016）的实证结果表明，财政补贴对战略性新兴产业企业研发费用投入产生显著正向激励效应；纪凡（2017）发现，财政补贴有利于促进战略性新兴产业创新绩效。

在创新的人力投入方面，研究表明，人力资本是提升区域创新能力的重要影响因素，研发劳动投入能推动中国区域创新能力（孙凯，2019），对我国战

略性新兴产业的技术创新绩效存在正向影响（周方圆，2019）。其中，较多学者选取 R&D 人员全时当量来衡量人力资本在区域创新过程中的作用，周小玲和龚新蜀（2020）研究发现，短期内人力资本投入是影响区域自主创新能力提升的主要因素，当人力资本投入每增加 1%，其对东部地区自主创新能力的提升贡献可达到 0.7688%。

在创新的载体投入方面，研究表明，孵化器作为区域经济创新发展的重要载体，在调整大湾区产业结构、创造区域经济新增长极、促进产业集群发展等方面发挥着重要的引导、辐射和带动作用（谢炜聪，2020；骆瑶，2020）。其中，广东省科技企业孵化器的发展，历经 1.0 物业型时代、2.0 服务型时代、3.0 投资型时代、4.0 生态型时代，目前已经进入 5.0 双生态型时代。还有以公共技术服务平台为代表的创新载体，对于提高中小企业质量技术水平、增强自主创新能力、实现战略转型具有重要意义（李烃等，2017；雷宇等，2018）。

二、税收负担与科技创新的相关研究

研究表明，税收负担水平可以通过税收的"收入效应"和"支出效应"对社会创新产生影响。余泳泽等（2017）采用世界上 191 个国家数据进行实证研究，发现税收负担对发达国家的社会创新起到完全的正向促进作用，而发展中国家税收负担超过一定水平会抑制社会的创新水平。薛钢等（2019）基于我国区域层面的实证研究，发现东部地区属于高税负区域，税收负担对社会创新存在明显的抑制作用。较多学者的研究支持税收负担在不同程度上制约了企业进行科技创新的活动。方苑和朱佳立（2019）基于资源约束视角的实证研究，发现税收负担较高的企业创新投入较低，并且这一关系在融资约束程度较高的企业和民营企业中尤为显著。刘放等（2016）采用上市公司数据进行实证，发现税收激励政策对企业创新行为具有正向影响。李维安等（2016）也发现，税收优惠政策虽然在整体上会提高企业的创新绩效，但是也存在相当多的企业创新能力没有得到明显提升。胡丽娜（2020）研究发现，同等比例变化幅度下，降低税率的方式对科技创新激励效应最为显著，高技术产业企业 R&D 经费投入和财政科技投入增加对科技创新的激励效应依次位居其后，且这种激励效应随时间延伸均逐渐加强，其中，降低税率随时间延伸对科技创新的激励效应最为显著。

综上所述，学者从不同角度对科技创新的相关税收等政策进行了大量的实证研究。结果表明，政府政策激励下的创新财力、人力和物力等投入与企业等社会主体的创新活动之间存在相关关系，且大多数情况下这种相关关系为正。在税收政策的激励下，企业等社会主体的税收负担得到降低，这在一定程度上促进了企业等社会主体进行创新活动。深圳作为中国特区，是中国改革的代名词和风向标，承担着中国经济改革试验田的重要使命。近年来，深圳在高新技术产业和新兴产业方面一路高歌猛进，在粤港澳大湾区的建设与发展方面不断取得成就。深圳在创新财力、创新人力和创新载体等方面的投入以及各类税收优惠政策对其创新发展的激励是否对新兴产业的发展起到了积极作用，是否还有完善的空间，还有待进行下一步的实证检验。

第二节　研究设计

一、计量方法选择

众所周知，以多元回归方法为代表的实证方法是一种事前假设，即假设变量之间存在某种关系，然后对其进行检验，学者们较多基于面板数据进行多元回归分析。由于大多数时间序列数据都是非平稳的，不满足传统的多元回归方法对数据平稳性的要求，此时变量间可能由于非平稳的序列带有趋势项而显现出一定的关系，即所谓的"伪回归"问题。然而，协整分析方法是一种事后假设，即先判断单整阶数，认为只有变量单整阶数相同或不同阶数的变量经过某种组合以后，理论上才可能存在长期协整均衡关系。而且，协整分析必须满足变量存在平稳性的前提，才能分析变量之间的关系，因此可以有效避免"伪回归"等问题。

基于此，本书利用深圳近10年的时间序列数据，采用协整分析和格兰杰因果分析相结合的方法，分别实证检验创新财力投入水平、创新人力投入水平、创新载体投入水平和地区宏观税负水平对深圳市创新产业价值实现水平的影响作用。

二、变量的选取与数据说明

因变量为创新产业价值实现水平，主要从深圳市新兴产业产值的绝对量和相对量两个方面来考量，分别选取新兴产业增加值（EIAV1）和新兴产业增加值的增长率（EIAV2）。自变量则分为四类：第一，创新财力投入水平（RDE），主要以全市 R&D 经费支出的总额来衡量；第二，创新人力投入水平（RDP），主要以全市 R&D 人员全时当量的总额来衡量；第三，创新载体投入水平（IP），主要选取深圳市各类创新载体的总量来衡量，如包含国家级和市级科技企业孵化器、省级和市级公共技术服务平台等；第四，地区宏观税负水平（TOTB），以地方财政税收总收入除以当年地区生产总值的比重来衡量，其中，按不同税种收入占地区生产总值的比重，还可获得流转税（增值税与营业税之和）宏观税负（TUTB）、企业所得税宏观税负（CITB）和个人所得税宏观税负（PITB）。

上述变量的相关数据均来源于 2010～2019 年《深圳统计年鉴》，其中，"新兴产业产值"和"创新载体"数据的起始年份均为 2010 年，为保证时间序列数据的一致性，本书所选变量数据的期间为 2010～2018 年。

三、变量的描述性分析

基于表 5-1 中变量的描述性统计结果，可从深圳市新兴产业发展状况、创新发展的人、财、物投入水平和总税收及主要税收的宏观税负水平等方面展开分析。

表 5-1 变量的描述性统计

变量	平均值	标准差	最小值	最大值
EIAV1（亿元）	6085.38	2446.60	2820.51	9187.19
EIAV2（%）	16.12	4.95	9.10	24.60
RDE（亿元）	686.48	271.14	333.31	1163.54
RDP（人）	187406	39976	157429	287408
IP（个）	1128	501.98	419	1877
TOTB（%）	11.05	1.13	9.92	12.61
TUTB（%）	4.82	0.41	4.32	5.67
CITB（%）	2.39	0.40	1.93	2.97
PITB（%）	1.23	0.23	0.92	1.54

资料来源：2010～2019 年《深圳统计年鉴》。

在新兴产业发展方面，从新兴产业增加值来看，2011～2018年，深圳市新兴产业增加值的平均规模达6085.38亿元，从2010年的2820.51亿元增至2018年的9155.18亿元，增长了2倍多。从新兴产业增加值的增长率来看，9年间深圳市新兴产业增加值的平均增速为16.12%，除了2018年的增长率降为9.1%，其余年份的增长率均大于10%，且最高增速达24.6%。这表明9年间深圳市新兴产业的增加值一直保持增长的趋势，并于2014年开始由高速增长转为中高速增长，这也与我国经济步入中高速发展阶段的宏观背景相适应。

在创新发展的人、财、物投入水平方面，从创新财力投入来看，2010年全市研发经费支出总额仅333亿元，2018年支出总额达1164亿元，增长近2.5倍，9年间研发经费支出的平均规模为686.48亿元，平均增速达17.23%。从创新人力投入来看，全市研发人员全时当量2010年的规模为15.7万人，2018年的规模为28.7万人，增长了83%，9年间的平均规模约为18.7万人，平均增速达11.04%。从创新载体投入来看，2010年全市各类创新载体总量仅419个，2018年则达到了1877个，9年间增长约3.5倍，平均增速达20.95%。其中，国家级和市级科技企业孵化器的数量从最初的20个增至130个，增加5.5倍；省级和市级公共技术服务平台数量从2011年的52个增至2018年的174个，增加2.35倍。由此可知，近年来，深圳市在创新发展的资金投入、人员配备和平台建设方面均作出较大贡献，从不同维度为全市创新及经济的发展奠定了坚实的物质基础、技术基础和环境基础。

在宏观税负水平方面，2010年深圳市的宏观税负为9.92%，2018年的宏观税负为11.97%，9年增长约2个百分点，全市的平均宏观税负为11.05%，其间最低为2010年的9.92%，最高为2015年的12.61%。这表明当前深圳市的宏观税收负担虽不高，但总的来看呈现波动上升的趋势，具体可从几类税收的宏观税负进行分析。从流转税税负来看，2010～2018年的平均税负水平为4.82%，其间最高为5.67%、最低为4.32%。这表明2012年深圳成为国家首批"营改增"试点地区以来，流转税税负已呈现下降的趋势，尤其是2017年营业税完全被取消后，2018年的流转税税负仅为4.32%。从企业所得税税负来看，自2008年《企业所得税法》颁布以来，深圳市于2012年及以后年份企业所得税的法定税率统一为25%，但2010～2018年企业所得税宏观税负的平均水平仅为 2.39%，其间最低税负为 1.93%、最高税负不足 3%。这表明深圳市通过各项创新激励的税收优惠政策，总体上有效降低了全市企业的所得税税收负担，释放了企业的创新活力。从个人所得税来看，2010～2018 年，全市个人所得税的宏观税负水平围绕 1.23% 上下波动，最高为 1.54%、最低仅为 0.92%。这表明总体上深圳市的个人所得税税负水平较低，不仅有利于各类创新人才的汇聚，还可以满足高新技术企业对创新人才的需求，为经济增长带来更多的活力。

第三节　实证结果分析

一、单位根检验结果分析

首先，由于变量 EIAV1、RDE、RDP 和 IP 的数据为不同单位的绝对量，为了消除异方差的影响，分别对其进行对数处理，可获 LNEIAV1、LNRDE、LNRDP 和 LNIP。

其次，分别绘制 LNEIAV1、EIAV2、LNRDE、LNRDP、LNIP、TOTB、TUTB、CITB 和 PITB 等 9 个变量的时序图及其一阶差分后的序列图，一方面可判断时间序列数据的平稳性，另一方面为后续分析中时间趋势项和常数项的选择提供依据，具体如图 5 - 1 和图 5 - 2 所示。

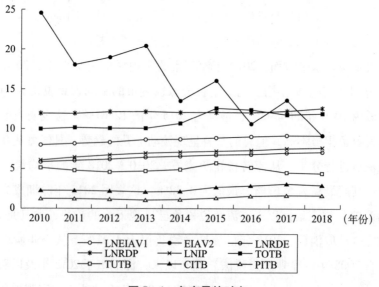

图 5-1　各变量的时序

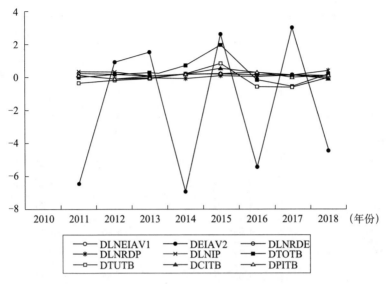

图 5-2　各变量一阶差分后的时序

图 5-1 显示，2010~2018 年，各变量数据均呈现出不平稳性；图 5-2 则表明，对其进行一阶差分后，大部分结果显示平稳，还需进一步对各变量差分前后的数据进行 ADF 检验，结果见表 5-2。

表 5-2　　　　　　　　　　变量的 ADF 检验结果

变量	检验类型 (c, t, k)	ADF 统计值	1%临界值	5%临界值	10%临界值	结论
LNEIAV1	(c, t, 1)	-1.53	-6.29	-4.45	-3.70	非平稳
DLNEIAV1	(0, 0, 1)	-0.97	-3.01	-2.02	-1.60	非平稳
D2LNEIAV1	(0, 0, 1)	-4.31	-3.01	-2.02	-1.60	平稳
EIAV2	(c, t, 1)	-3.08	-6.29	-4.45	-3.70	非平稳
DEIAV2	(0, 0, 1)	-5.18	-2.94	-2.01	-1.60	平稳
LNRDE	(c, t, 1)	-3.19	-5.84	-4.25	-3.59	非平稳
DLNRDE	(0, 0, 1)	-0.39	-3.01	-2.02	-1.60	非平稳
D2LNRDE	(0, 0, 1)	-4.28	-3.01	-2.02	-1.60	平稳
LNRDP	(c, t, 1)	-0.46	-5.84	-4.25	-3.59	非平稳
DLNRDP	(0, 0, 1)	-0.76	-2.94	-2.01	-1.60	非平稳
D2LNRDP	(0, 0, 1)	-2.49	-3.01	-2.02	-1.60	平稳

续表

变量	检验类型 (c, t, k)	ADF 统计值	1% 临界值	5% 临界值	10% 临界值	结论
LNIP	(c, t, 1)	−1.99	−5.84	−4.25	−3.59	非平稳
DLNIP	(0, 0, 1)	−2.12	−2.94	−2.01	−1.60	非平稳
D2LNIP	(0, 0, 2)	−3.73	−3.27	−2.08	−1.60	平稳
TOTB	(c, t, 1)	−3.25	−6.29	−4.45	−3.70	非平稳
DTOTB	(0, 0, 1)	2.03	−2.94	−2.01	−1.60	平稳
TUTB	(c, t, 1)	−2.11	−6.29	−4.45	−3.70	非平稳
DTUTB	(0, 0, 1)	2.32	−2.94	−2.01	−1.60	平稳
CITB	(c, t, 1)	−4.06	−6.29	−4.45	−3.70	非平稳
DCITB	(0, 0, 1)	1.79	−3.01	−2.02	−1.60	平稳
PITB	(c, t, 1)	−3.09	−6.29	−4.45	−3.70	非平稳
DPITB	(0, 0, 2)	−5.03	−5.60	−3.69	−2.98	平稳

注：检验类型（c, t, k）中 c 和 t 表示带有常数项和趋势项，k 表示滞后阶数。

由表 5 - 2 可知，各变量在 1%、5% 和 10% 的显著性水平上均为非平稳序列。各变量经过一阶差分后，只有 DEIAV2、DTOTB、DTUTB、DCITB 和 DPITB 在 1% 的水平上显著平稳，而其他变量经过二阶差分后，D2LNEIAV1、D2LNRDE、D2LNRDP 和 D2LNIP 在 1% 的水平上显著平稳。由此可知，变量 LNEIAV1、LNEIAV1、LNRDE、LNRDP 和 LNIP 为二阶单整变量 I（2），变量 EIAV2、TOTB、TUTB、CITB 和 PITB 则为一阶单整变量 I（1），表明可分别对其进行协整检验。

二、协整检验结果分析

首先，分别构建协整检验模型，如下所示：

$$LNEIAV1_{1t} = c_1 + aLNRDE_t + u_{1t} \qquad (5-1)$$

$$LNEIAV1_{2t} = c_2 + bLNRDP_t + u_{2t} \qquad (5-2)$$

$$LNEIAV1_{3t} = c_3 + dLNIP_t + u_{3t} \qquad (5-3)$$

$$EIAV2_{1t} = c_4 + eTOTB_t + u_{4t} \qquad (5-4)$$

$$EIAV2_{2t} = c_5 + fTUTB_t + u_{5t} \qquad (5-5)$$

$$EIAV2_{3t} = c_6 + gCITB_t + u_{6t} \qquad (5-6)$$

$$EIAV2_{4t} = c_7 + hPITB_t + u_{7t} \qquad (5-7)$$

其中，$c_1 \sim c_7$ 为模型的常数项，$u_{1t} \sim u_{7t}$ 为模型的误差项，a、b、d、e、f、g、h 为自变量与因变量之间的弹性系数，即模型所要估计的主要参数。

其次，选取普通最小二乘法对以上模型进行 OLS 估计，并分别对模型的残差序列进行 ADF 检验，以判断模型的变量之间是否存在长期协整关系，结果见表5-3。模型（5-1）、模型（5-3）、模型（5-4）、模型（5-6）和模型（5-7）的残差序列均在1%的显著性水平上表现出平稳性，模型（5-2）和模型（5-5）的残差序列则未通过 ADF 检验。这表明新兴产业增加值分别与创新财力投入水平、创载体投入水平存在长期协整关系，而新兴产业增加值的增长率与地区宏观税负水平、企业所得税宏观税负和个人所得税宏观税负之间存在长期协整关系，具体关系大小见表5-4中各模型参数的估计结果判断。

表5-3　　　　　　　　模型残差序列的 ADF 检验结果

残差序列	检验类型 (c, t, k)	ADF 统计值	1% 临界值	5% 临界值	10% 临界值	结论
U_{1t}	(0, 0, 2)	-3.56	-3.01	-2.02	-1.58	平稳
U_{2t}	(0, 0, 2)	-2.91	-3.01	-2.02	-1.58	非平稳
U_{3t}	(0, 0, 2)	-7.85	-3.01	-2.02	-1.60	平稳
U_{4t}	(0, 0, 1)	-4.93	-2.89	-2.00	-1.60	平稳
U_{5t}	(0, 0, 1)	-1.87	-2.89	-2.00	-1.60	非平稳
U_{6t}	(0, 0, 1)	-4.86	-2.89	-2.00	-1.60	平稳
U_{7t}	(0, 0, 1)	-3.71	-2.89	-2.00	-1.60	平稳

注：检验类型（c, t, k）中 c 和 t 表示带有常数项和趋势项，k 表示滞后阶数。

表5-4　　　　　　　　　　模型的估计结果

变量	模型（5-1）	模型（5-2）	模型（5-3）	模型（5-4）	模型（5-5）	模型（5-6）	模型（5-7）
c	1.75 *** (3.74)	-8.62 (-0.98)	2.69 *** (9.20)	52.92 *** (4.41)	1.75 (0.08)	37.71 *** (4.96)	35.49 *** (5.32)
LNRDE	1.06 *** (14.70)						
LNRDP		1.42 * (1.97)					

续表

变量	模型 (5-1)	模型 (5-2)	模型 (5-3)	模型 (5-4)	模型 (5-5)	模型 (5-6)	模型 (5-7)
LNIP			0.86 *** (20.43)				
TOTB				−3.33 *** (−3.08)			
TUTB					2.98 (0.68)		
CITB						−9.02 ** (−2.87)	
PITB							−15.79 ** (−2.95)
R^2	0.96	0.36	0.98	0.57	0.06	0.54	0.55
DW	1.07	0.55	1.27	2.37	0.79	2.05	1.43

注: 括号内为 t 统计值, *、** 和 *** 分别代表 10%、5% 和 1% 的显著性水平。

由表 5-4 可知, 模型 (5-2) 和模型 (5-5) 的拟合优度值较小, 且自变量参数在 1% 的水平上均不显著, 而其他模型的拟合优度较好, 且自变量参数在不同水平上显著, 这也与表 5-3 的检验结果相符。具体可从以下几方面展开分析。

第一, 创新财力投入水平显著提高新兴产业增加值水平。模型 (5-1) 中 LNRDE 的系数为 1.06, 且在 1% 的水平上显著, 表明深圳市 R&D 经费支出的总额每增加 1%, 全市新兴产业的增加值则提高 1.06%。这是因为近年来政府和企业不断加大对全市创新财力的投入水平, 为全市各类创新主体的科技研发和价值实现奠定了雄厚的物质基础, 保障了新兴产业抗风险、增收益的能力, 从而提高了全市新兴产业的增加值水平。

第二, 创新人力投入水平有利于提高新兴产业增加值水平。模型 (5-2) 中 LNRDP 的系数为 1.42, 且在 10% 的水平上显著, 表明深圳市研发人员的全时当量每增长 1%, 全市新兴产业的增加值则提高 1.42%, 但这种激励效果不太明显。这是因为深圳作为一个创新型城市, 每年吸引了大量的创新型人才, 为新兴产业的发展充实了丰富的人力资本, 也为新兴产业增加值的源源不断增长带来动力，所以理论上该激励效果比创新财力投入水平的激励效果大。但是，增加创新人力投入给新兴产业所带来的产出效益还需要时间的积累，因此模型的拟合度不够高。

第三，创新载体投入水平显著提高新兴产业增加值水平。模型（5-3）中 LNIP 的系数为 0.86，且在 1% 的水平上显著，表明深圳市各类创新载体数量的总和每增加 1%，全市新兴产业增加值则提升 0.86%。近年来，深圳市各类创新载体的种类和数量增多，如专业培育和扶植高新技术中小企业的科技企业孵化器和各级公共技术服务平台的建设等，这不仅提高了全市科技企业的创业成功率，促进了各类科技成果的转化，还促进了政府、企业、高校和行业组织等多部门的资源整合，弥补了单个企业研发能力的不足。由于这些创新载体较多采取市场化运作机制，与创新人力和财力投入水平对新兴产业增加值水平的促进作用相比较小。

第四，地区宏观税负率显著降低新兴产业增加值的增长率。模型（5-4）中 TOTB 的系数为 -3.33，且在 1% 的水平上显著，表明深圳市税收总收入占当年地区生产总值的比重每降低 1 个百分点，全市新兴产业增加值的增速则提高 3.33 个百分点。这可能是因为深圳市作为国家完善税制的先行试点示范区域，落实了丰富的税收优惠政策，营造了开放公平、优良竞争的营商环境，全市宏观税负水平较低，为各类新兴产业企业的发展增添了活力。

第五，企业所得税税负率显著降低新兴产业增加值的增长率。模型（5-6）中 CITB 的系数为 -9.02，且在 1% 的水平上显著，表明深圳市企业所得税收入占当年地区生产总值的比重每降低 1 个百分点，全市新兴产业增加值的增速则提高 9.02 个百分点。近年来，为进一步释放企业的创新活力，深圳市不断完善和落实各项企业所得税优惠政策，不仅有效降低了企业所得税的税收负担，还有利于加快提升新兴产业的增加值。

第六，个人所得税税负率显著降低新兴产业增加值的增长率。模型（5-7）中 PITB 的系数为 -15.79，且在 1% 的水平上显著，表明深圳市个人所得税收入占当年地区生产总值的比重每降低 1 个百分点，全市新兴产业增加值的增速则提高 15.79 个百分点。人力资本尤其是创新型人才一直是各地竞争的资源，深圳市通过多项个人所得税的优惠政策，吸纳了大量创新型人才，这不仅直接为新兴产业的发展增添了活力，也加快了产业增加值的增长。

三、误差修正模型的结果分析

由于上述模型中的残差项代表不断发生的冲击，在短期内会对自变量和因变量产生影响，有必要基于以上协整检验的结果，对存在长期协整关系的模型建立包含误差修正项在内的误差修正模型（ECM），并以此分析各变量之间的短期动态调整与长期特征，具体模型如下所示：

$$DLNEIAV1_1 = 0.32 + 0.48D\ (LNEIAV1_1 - 1) - 1.54D\ (LNRDE - 1)$$
$$-1.29\ (ECM_1 - 1) \tag{5-8}$$

$$DLNEIAV1_3 = 0.17 - 0.31D\ (LNEIAV1_3 - 1) + 0.1D\ (LNIP - 1)$$
$$-1.2\ (ECM_3 - 1) \tag{5-9}$$

$$DEIAV2_1 = -2.16 - 0.54D\ (EIAV2_1 - 1) - 0.06D\ (TOTB - 1)$$
$$-0.48\ (ECM_4 - 1) \tag{5-10}$$

$$DEIAV2_3 = -2.23 - 0.61D\ (EIAV2_3 - 1) - 1.18D\ (CITB - 1)$$
$$-0.3\ (ECM_6 - 1) \tag{5-11}$$

$$DEIAV2_4 = -2.46 - 0.74D\ (EIAV2_4 - 1) + 0.25D\ (PITB - 1)$$
$$+0.004\ (ECM_7 - 1) \tag{5-12}$$

模型（5-8）中，$D\ (LNEIAV1_1 - 1)$ 表示变量 $LNEIAV1_1$ 滞后一年的一阶差分项，$D\ (LNRDE)$ 表示变量 $LNRDE$ 滞后一年的一阶差分项，ECM_1 是模型的误差修正项，其系数反映了误差修正规模自身偏离均衡误差的作用机制。模型（5-9）至模型（5-12）的变量含义不再赘述。由此可得出以下结论。

第一，在短期内，新兴产业增加值受自身、创新财力投入和创新载体投入的影响，新兴产业增加值的增速则受自身、地区宏观税负率、企业所得税税负率和个人所得税税负率的影响。

第二，长期来看，滞后一年的新兴产业增加值和创新财力投入对当期新兴产业增加值的影响显著，滞后一年的新兴产业增加值的增长率和企业所得税税负率对当期新兴产业增加值的影响显著。

第三，各模型的修正系数分别为 -1.29、-1.2、-0.48、-0.3 和 0.004，说明创新财力投入水平和创新载体投入水平与新兴产业增加值的变动联系非常紧密，地区宏观税负水平和企业所得税税负水平与新兴产业增加值的增速变动较为紧密，个人所得税税负水平与新兴产业增加值的增速变化并不紧密。这表明创新财力投入与新兴产业增加值的均衡关系、创新载体投入与新兴产业增加值的均衡关系、地区宏观税负率与新兴产业增加值增长率的均衡关系，以及企业所得税税负率与新兴产业增加值增长率的均衡关系对当前非均衡误差调整的自身修正能力较强，而个人所得税税负率与新兴产业增加值增长率的均衡关系对当前非均衡误差调整的自身修正能力不强。

四、格兰杰因果关系检验结果

协整分析结果表明，创新财力投入与新兴产业增加值、创新载体投入与新兴产业增加值、地区宏观税负率与新兴产业增加值增长率、企业所得税税负率与新兴产业增加值增长率和个人所得税税负率与新兴产业增加值增长率五对变量之间存在长期的均衡关系。为检验这些变量之间是否存在因果关系，并明确该关系的方向，对其进行格兰杰因果检验，结果见表 5-5。

表 5-5　　　　　　　　　　格兰杰因果关系检验结果

格兰杰因果检验假设	滞后期	F 统计量	显著性水平	结论
LNRDE 不是 LNEIAV1 变化的原因	1	0.0102	0.9234	接受
LNEIAV1 不是 LNRDE 变化的原因	1	0.0120	0.9170	接受
LNIP 不是 LNEIAV1 变化的原因	1	4.2538	0.0841	拒绝
LNEIAV1 不是 LNIP 变化的原因	1	0.0101	0.9239	接受
TOTB 不是 EIAV2 变化的原因	1	4.5358	0.0864	拒绝
EIAV2 不是 TOTB 变化的原因	1	1.0882	0.3447	接受
CITB 不是 EIAV2 变化的原因	1	3.0814	0.1396	接受
EIAV2 不是 CITB 变化的原因	1	2.2531	0.1936	接受
PITB 不是 EIAV2 变化的原因	1	0.7716	0.4199	接受
EIAV2 不是 PITB 变化的原因	1	0.5880	0.4778	接受

由表 5-5 可知，没有一对变量的检验结论均为"拒绝"，说明在滞后一年期内上述五对变量均不存在双向因果关系。LNIP 不是 LNEIAV1 变化的原因被拒绝，而 LNEIAV 不是 1LNIP 变化的原因被接受，说明变量间的因果关系是

单向的，即 LNIP 是 LNEIAV1 变化的格兰杰原因，这表明深圳市各类创新载体投入水平的提升有效促进了新兴产业增加值的提升，但新兴产业增加值的上涨并不构成创新载体数量增加的原因。同理，TOTB 是 EIAV2 变化的格兰杰原因，这表明深圳市宏观税负水平的降低有效加速了新兴产业增加值的上涨，但新兴产业增加值的增速加快并不是地区宏观税负水平下降的原因。另外，LNRDE 与 LNEIAV1、CITB 与 EIAV2、PITB 与 EIAV2 这三对变量之间虽然存在长期稳定的均衡关系，但因果关系并不明显。一方面，这表明仅靠增加创新财力投入水平来促进新兴产业的产值增加的作用有限，还需充分调动人力、物力、技术和营商环境等多方面的资源；另一方面，单纯通过企业所得税优惠或个人所得税优惠来降低相应的税负水平并不能保证促进新兴产业的加速发展，但是在多种减税降费税收优惠政策的组合激励下，可显著提高新兴产业增加值的增速。

第四节　主要研究结论

本章利用协整检验与格兰杰因果检验相结合的分析方法，以深圳市新兴产业增加值的增量和存量为创新价值的实现指标，多维度剖析创新的财力、人力和物力投入及地区宏观税负对其价值实现的影响，主要得出以下几点结论。

第一，深圳市新兴产业增加值持续增长、创新环境不断优化。现有数据表明，深圳市新兴产业的增加值一直保持增长的趋势，总量即将突破万亿元，虽然伴随我国经济步入中高速发展阶段，新兴产业增加值也由高速增长转为中高速增长，但总体增速仍高于 GDP 的增速。这离不开深圳市在创新发展中的资金投入、人员配备和平台建设等方面做出的较大投入，从而从不同维度为全市创新及经济的发展奠定了坚实的物质基础、技术基础和环境基础。

第二，深圳市不断增加的创新财力投入有利于提升新兴产业增加值。近年来，深圳市政府和企业不断加大对创新财力的投入水平，研究表明，R&D 经费支出的总额每增加 1%，全市新兴产业的增加值则提高 1.06%，而且无论从短期还是长期来看，这种激励效果都为全市各类创新主体的科技研发和价值实现奠定了雄厚的物质基础。当然，仅靠增加创新财力投入水平来促进新兴产业的产值增加的作用有效，还需充分调动人力、物力、技术和营商环境等多方面的资源。

第三，深圳市创新人力投入对新兴产业增加值的促进作用有待加强。深圳作为一个创新型城市，每年吸引了大量的创新型人才，为新兴产业的发展充实了丰富的人力资本，也为新兴产业增加值的源源不断增长带来动力，理论上该激励效果应比创新财力投入水平的激励效果大。现有数据的研究表明，深圳市研发人员的全时当量每增长1%，全市新兴产业的增加值则提高1.42%，但这种激励效果不太明显，增加创新人力投入给新兴产业带来的产出效益还需要时间的积累。

第四，深圳市增加创新载体的投入可显著提高新兴产业增加值水平。近年来，深圳市各类创新载体的种类和数量增多，如专业培育和扶植高新技术中小企业的科技企业孵化器和各级公共技术服务平台的建设等，这不仅提高了全市科技企业的创业成功率，促进了各类科技成果的转化，还促进了政府、企业、高校和行业组织等多部门的资源整合，弥补了单个企业研发能力的不足。研究表明，深圳市各类创新载体数量的总和每增加1%，全市新兴产业增加值则提升0.86%，而且这种激励效果在短期内尤为显著。

第五，深圳市降低地区宏观税负水平可显著提升新兴产业增加值的增速。深圳市作为国家完善税制的先行试点示范区域，落实了丰富的税收优惠政策，营造了开放公平、优良竞争的营商环境，全市宏观税负水平较低，为各类新兴产业企业的发展增添了活力。研究表明，深圳市宏观税负率、企业所得税税负率和个人所得税税负率分别每降低1个百分点，新兴产业增加值的增速则分别提高3.33%、9.02%和15.79%，但后两者并非新兴产业增加值增速提升的格兰杰原因，即单纯通过企业所得税优惠或个人所得税优惠来降低相应的税负水平并不能保证促进新兴产业的加速发展，但是在多种减税降费税收优惠政策的组合激励下，可显著提高新兴产业增加值的增速。

第六章

深圳市税收政策科技创新效应模拟

第一节 方法选择与模型假设

系统动力学的仿真模型能够有效地处理系统问题，税收政策的科技创新效应是一个由高校、企业、研发机构和政府多主体参与的系统问题，单一的模型并不能有效且快速地反映整个创新系统的变化。基于此，本章主要采用的是系统动力学的方法，并在相关假设的前提下完成深圳市税收政策的科技创新效应模拟。

一、方法选择

系统动力学的创立者是福瑞斯特（Jay W. Forrester）教授，1956年，福瑞斯特教授为了能够有效地研究关于系统反馈的问题，基于系统论并结合计算机模拟、决策论、信息论和控制论等相关学科的知识，提出了该学科。系统动力学是一门用于清晰地分析系统问题和有效解决系统交叉问题的综合性学科。其中，系统内部的反馈机制和动态机制是决定系统特性和行为模式的主要方式，其过程为基于系统观念，明确所研究系统的边界、了解系统各要素之间信息传递的过程并基于因果关系图构建所需要的模型。

该学科是一门定性与定量相结合的学科，运用定性分析的系统分析和定量分析的综合推理来对现实系统进行模拟和仿真。在系统动力学中，系统的功能由系统结构而定，并根据系统的功能和结构设计模型的各个变量和因果回路，最后再通过计算机软件对模型进行仿真模拟。系统动力学是一种针对"结构—功能"的模拟，适合用于对复杂的系统结构进行研究，研究其中各个部分之间的动态关系。系统动力学更倾向于提供一种政策分析工具，决策群体利用此工具能够有效地进行学习和创造。采用系统动力学建模分析主要包含以下五个步骤。

第一步，系统分析。要求对研究对象有系统把握，即明确研究问题，然后基于系统动力学方式对研究对象进行系统分析，查找相关资料，明确所需数据并进行数据收集。同时，在该步骤中，要对研究的时间范围和系统的边界有个初步把握，并确立模型的内生变量、外生变量。

第二步，系统结构分析。对导致系统内部结构变化和反馈的过程进行相关假设，划分子系统，确定各子系统中变量之间的关系，基于系统的研究对象确立模型关键的输入与输出变量。

第三步，建立规范定量模型。建立系统动力学结构图，并明确模型中的速率变量、状态变量、常数变量、辅助变量及其数学关系式。

第四步，模型模拟和政策分析。该步骤是系统动力学研究的主要目的，系统动力学的目的是通过建立模型从而模拟现实系统，所以建立模拟与现实系统的拟合状况，直接会影响模拟结果，需要不断地对模型进行模拟修改，从而与实际系统的运行状况的误差减小。因此，该步骤需要指出其中存在的问题，之后再次修改模型。

第五步，模型检验与评估。采用适应性检验、极端条件检验、敏感性检验等检验方式对所构建的仿真模型进行检验。适应性检验是为了确保模型能够很好地再现过去的行为模式；极端条件检验是为了确保即使在极端条件下，模型的行为也是符合现实的；敏感性检验是为了分析变量的敏感性。该步骤是一个反复出现的过程。

系统动力学主要研究社会系统，深圳市税收政策的科技创新效应分析属于区域创新体系分析范畴，而区域创新体系是经济社会系统的一个子系统，属于系统动力学可研究对象之列。深圳市科技创新系统作为国家创新体系运行的子系统，是由各种要素通过多重因果反馈构成的复杂网络，各种因果关系相互交织，形成一个有机整体，难以从系统中将某一特定因果链隔离出来进行单独研究。作为研究动态反馈性复杂系统问题的定量分析方法，系统动力学不仅可以从动态的角度系统刻画税收政策在科技创新过程中各要素间的因果关系，弥补传统因果分析方法纯描述性、缺乏整体性的缺陷，而且可以将系统动力学模型作为科技创新的"政策实验室"，应用现代计算方法和计算机仿真技术对政策变动的可能后果进行反复"实验"，寻找政策着力点，设计政策调整的优化方案。

二、边界条件与基本假设

系统边界和假设是模型构建的前提条件，确定系统边界主要考虑所选择的研究对象、关键变量和参考模式等，基本假设主要是基于现有理论进一步提出与研究所需的假设条件。

（一）边界条件

（1）在系统中不考虑自然灾害、战争等不可抗力对深圳市科技创新系统的影响。

（2）深圳市科技创新系统运行是一个连续的过程，且仅限于特定区域内部。

（3）仅考虑政府、高等学校、科研机构和企业四个部门的创新行为。

（二）基本假设

依据深圳市科技创新系数的边界条件和已构建的创新政策分析框架，提出以下基本假设。

（1）R&D 经费、R&D 人员和创新环境创新产出的直接驱动因素。

（2）税收政策是创新环境建设的关键驱动要素。

（3）经济增长是政府创新税收政策制定的目标函数，而财政能力是政府创新税收政策制定的主要约束条件。

第二节　深圳市税收政策的科技创新效应系统因果关系图

因果关系图是用于体现系统中反馈结构的重要工具。在该图中，各变量之间通过带有正、负极的箭头连接，从而形成因果链。箭头为正极，说明一个变量变化会对另外一个相关变量产生同向影响，即变量增加另一个变量也增加，变量减少另一个变量也减少；箭头为负极，说明一个变量变化会对另外一个相关变量产生反向影响，即变量增加另一个变量减少，变量减少另一个变量增加。

根据税收政策对科技创新影响的相关理论与实证，绘制因果关系图，如图 6 - 1 所示。

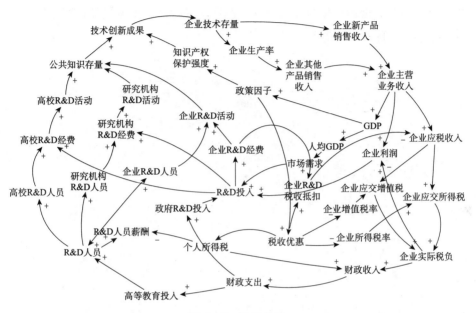

图 6 - 1　因果关系

依据系统动力学理论，税收政策的科技创新效应系统是一个由子功能系统和外部环境整合在一起的复杂的开放系统，其中，反馈结构具有强非线性、多回路、多变量和高阶次。基于科技创新的主体，可以将整个系统拆分为四个子系统，主要为高等学校子系统、研究机构子系统、企业子系统和政府子系统，这四个子系统之间相互独立又相互影响。同时，四个子系统还受到了如创新环境和市场需求等因素的影响，这些因素之间有相互耦合的、非线性的、动态反馈的关系。

第三节　深圳市税收政策的科技创新效应系统量化模型

一、系统流量图

根据系统动力学理论，流量图是在因果关系图的基础上对系统更细致和更深入的描述，它不仅能清楚地反映系统要素之间的逻辑关系，还能进一步明确系统中各种变量的性质，进而刻画系统的反馈与控制过程，在因果关系图的基础上，适当引入系统所需的其他变量，考虑不同变量的现实意义及数据的可得性，选取相应的指标，进行相关评估、测度及检验后，绘制科技创新系统运行的流量图，如图6-2所示。

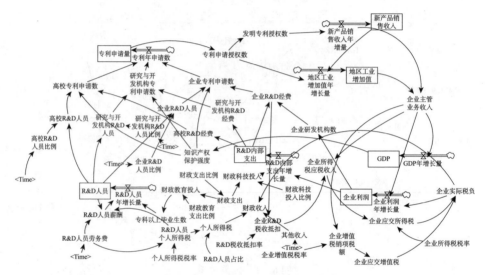

图6-2　系统流量

二、基本参数设置

按照系统动力学原理，流量图中主要包括以下5种变量。

（1）状态变量（level variable）：或称积累变量，是最终决定系统行为的变量，随着时间变化，当前时刻的值等于过去时刻的值加上这一段时间的变化量。

（2）速率变量（rate variable）：是直接改变积累变量值的变量，反映积累变量输入或输出的速度，本质上和辅助变量没有区别。

（3）辅助变量（auxiliary variable）：辅助变量值由系统中其他变量计算获得，当前时刻的值和历史时刻的值是相互独立的。

（4）常数变量（constant variable）：常量值不随时间变化。

（5）外生变量（exogenous variable）：随时间变化，但是这种变化不是由系统中其他变量引起的。

结合研究需要，依据不同变量的含义及其发展趋势，为系统设置相应的属性，见表 6-1。

表 6-1 模型主要参数

变量名称	单位	变量属性	变量名称	单位	变量属性
累计专利申请数	件	状态变量	年专利申请数	件	速率变量
研发机构专利申请数	件	辅助变量	GDP 年增长量	亿元	状态变量
高校专利申请数	件	辅助变量	企业所得税税率	%	常数变量
企业专利申请数	件	辅助变量	企业增值税税率	%	常数变量
专利申请授权数	件	辅助变量	R&D 内部支出	亿元	状态变量
发明专利授权数	件	辅助变量	研究与开发机构 R&D 经费	亿元	辅助变量
企业新产品开发项目	项	辅助变量	高校 R&D 经费	亿元	辅助变量
新产品销售收入	亿元	辅助变量	R&D 人员	人	状态变量
企业 R&D 经费内部支出	亿元	辅助变量	研究与开发机构 R&D 人员	人	辅助变量
企业研发机构数	个	辅助变量	高校 R&D 人员	人	辅助变量
企业 R&D 税收抵扣	亿元	辅助变量	财政收入	亿元	辅助变量
企业 R&D 人员	人	辅助变量	财政支出	亿元	辅助变量
企业所得税应税收入	亿元	辅助变量	财政科技投入比例	%	常数变量
企业应交所得税	亿元	辅助变量	财政科技投入	亿元	辅助变量
企业应交增值税	亿元	辅助变量	财政支出比例	%	常数变量
企业实际税负	亿元	辅助变量	政府 R&D 投入	亿元	辅助变量
企业增值税销项税额	亿元	辅助变量	财政教育投入	亿元	辅助变量
地区工业增加值	亿元	状态变量	财政教育支出比例	%	常数变量
企业利润	亿元	状态变量	其他收入	亿元	辅助变量
企业主营业务收入	亿元	辅助变量	R&D 人员薪酬	亿元	辅助变量
个人所得税税率	%	常数变量	R&D 人员劳务费	亿元	辅助变量
知识产权保护强度	—	辅助变量	个人所得税	亿元	辅助变量

三、变量函数关系

变量函数关系的确定主要有两种方式：一种是专家排序法，即针对研究主题向相应领域专家进行访谈或者发放问卷，从而确定各变量之间的函数关系；另一种是计量经济学方法，运用统计数据结合相关软件操作，对变量间的函数关系进行确定，本书采用的是计量经济学方法来确定变量函数关系，具体使用的是江西省的统计数据和 Stata 软件。变量关系测算过程中涉及的创新活动和经济发展相关数据均来源于 2010~2018 年《中国科技统计年鉴》《深圳统计年鉴》《广东统计年鉴》《中国城市统计年鉴》。需要说明的是，鉴于数据的连续性和一致性，本书中企业的相关数据仅包含规模以上工业企业。知识产权保护强度是采用修正的 Ginarte-Parkde 方法进行测算。由于专利申请数在市级统计年鉴中没有按创新主体进行划分，故企业、高校和研究机构的专利申请数根据三者在广东省专利申请数中的占比分别计算而来。

为了剔除价格因素对测算结果的影响，我们对所涉及的价格数据以 2010 年为基期均做了消除物价影响的处理。具体处理方法是：

$$Y = Y^* PI \qquad\qquad (6-1)$$

其中，Y 为实际变量，Y^* 为名义变量，PI 则是为以 2010 年为基期的价格指数。

GDP 数据采用模型（6-1）方法计算实际的 GDP，而企业利润、税收、主营业务收入和新产品销售收入则通过工业品的出厂价格指数进行平减；R&D 经费内部支出采用固定资产和消费物价指数加权的方式获取，其中，固定资产投资的价格指数占比 45%，消费物价的价格指数占比 55%。

通过对处理后的数据采用计量经济学方法进行回归，并结合相关领域专家的调查访谈结果，初步确定了模型中主要变量的函数关系，具体设置如下：

累计专利申请量 = INTEG（专利年申请数，4.9430）

专利年申请量 = 0.79067 ×（企业专利申请数 + 研究与开发机构专利申请数 + 高校专利申请数）- 1.19178

研究与开发机构 R&D 人员 = R&D 人员 × 研究与开发机构 R&D 人员比例

企业 R&D 人员 = R&D 人员 × 企业 R&D 人员比例

企业 R&D 人员比例 = - 0.00799 × Time + 16.9731

研究与开发机构 R&D 人员比例 = - 0.000359 × Time + 0.7456

研究与开发机构专利申请数 = - 0.008076 × 研究与开发机构 R&D 经费

$$+0.06609 \times 研究与开发机构 R\&D 人员$$

$$+2.17517 \times 知识产权保护强度 -0.52049$$

$$高校专利申请数 =0.0218 \times 高校 R\&D 经费 +0.06746 \times 高校 R\&D 人员$$

$$+0.7841815 \times 知识产权保护强度 -0.2212$$

$$高校 R\&D 人员 = R\&D 人员 \times 高校 R\&D 人员比例$$

$$高校 R\&D 人员比例 =0.000197 \times Time -0.3238$$

$$企业专利申请数 = -0.009833 \times 企业 R\&D 经费 +0.22902 \times 企业 R\&D 人员$$

$$+59.719 \times 知识产权保护强度 -15.09069$$

$$研究与开发机构 R\&D 经费 =0.03733 \times R\&D 内部支出 -2.7719$$

$$高校 R\&D 经费 =0.02794 \times R\&D 内部支出 -11.4942$$

$$知识产权保护强度 = EXP \left[0.4895 \times \ln（GDP）-5.8354 \right]$$

$$专利申请授权数 =0.5428 \times 累计专利申请量 +0.6917$$

$$企业 R\&D 经费 =0.8971 \times R\&D 内部支出 -209.8329 \times 企业研发机构数 +29.906$$

$$R\&D 内部支出 =0.23159 \times 财政科技投入 -0.013233 \times 企业利润 +70.14582$$

$$企业研发机构数 =0.0003624 \times 企业利润 -0.434566$$

$$发明专利授权数 =0.11444 \times 专利申请授权数 +0.69787$$

$$企业利润 = INTEG（企业利润年增长量，1599.024）$$

$$企业利润年增长量 =0.090298 \times 企业主营业务收入 -0.9572$$

$$\times 企业实际税负 -998.4896$$

$$GDP = INTEG（GDP 年增长量，10002.2183）$$

$$GDP 年增长量 =0.03678 \times 企业主营业务收入 +841.1982$$

$$地区工业增加值 = INTEG（地区工业增加值年增长量，4233.2251）$$

$$地区工业增加值年增长量 = -1084.143 \times 发明专利授权数 +0.1634$$

$$\times 累计企业新产品销售收入 +870.992$$

$$企业主营业务收入 =0.769 \times 新产品销售收入 +1.4839 \times 地区工业增加值$$

$$+8252.635$$

$$企业实际税负 = 企业应交增值税 + 企业应交所得税$$

$$财政收入 = 个人所得税 + 企业实际税负 + 其他收入$$

$$其他收入 = EXP \left[456.1301 \times \ln（Time）-3463.046 \right]$$

$$企业应交所得税 = 企业所得税税率 × 企业所得税应税收入$$

$$企业所得税税率 = 0.25$$

$$R\&D 人员劳务费 = EXP（291.5922 × ln（Time）- 2214.344）$$

$$R\&D 人员个人所得税 = R\&D 人员劳务费 × 个人所得税税率$$

$$个人所得税税率 = 0.2$$

$$专科以上毕业生数 = 0.00244 × 财政教育投入 + 1.36778$$

$$财政教育投入 = 财政支出 × 财政教育支出比例$$

$$财政教育支出比例 = 0.11$$

$$新产品销售收入年增量 = -19.6512 × 专利授权数 + 999.8997$$

$$累计企业新产品销售收入 = INTEG（新产品销售收入，5178.21848）$$

$$R\&D 人员 = INTEG（R\&D 年增长量，17.7756）$$

$$R\&D 人员年增长量 = -1.973426 × 专科以上毕业生数 + 4.292634 × R\&D 人员薪酬 - 3.084029$$

$$R\&D 人员薪酬 =（R\&D 人员劳务费 - R\&D 人员个人所得税）÷ R\&D 人员$$

$$财政支出 = 财政收入 × 财政支出比例$$

$$财政支出比例 = 1.09$$

$$财政科技投入 = 财政支出 × 财政科技投入比例$$

$$财政科技投入比例 = 0.087$$

$$R\&D 税收抵扣率 = 0.2$$

$$企业 R\&D 税收抵扣 = 企业 R\&D 经费 × R\&D 税收抵扣率$$

$$企业应交增值税 = 0.30014 × 企业增值税销项税额 - 260.6066$$

$$企业增值税税率 = 0.17$$

$$企业增值税销项税额 = 企业主营业务收入 × 企业增值税税率 ÷（1 + 企业增值税税率）$$

$$企业所得税应税收入 = 0.1516 ×（企业主营业务收入 - 企业 R\&D 税收抵扣）- 2033.459$$

四、系统仿真模拟

主要采用 Vensim 软件对本书构建的税收优惠政策科技创新效应系统进行

仿真模拟，在这过程中，需要对系统模型进行反复的改正，改正完成后需对模型进行相应的检验，通过检验后的模型才能够用于仿真模拟。

（一）模型检验

模型是对现实的模拟，确切地说，是对我们感知到的现实的模拟。为了验证模型的可用性，我们必须确定我们在现实中观察到的规律、法则在模型中仍然成立。确认的途径是运用正规的或不正规的方法来比较模型表现与检验指标是否符合。比较的方法有：观察一系列的数据结果，看设立的条件是否符合关于问题的定性描述，对模型假设进行敏感性分析，以及对模型特性及特征模式的来源进行考量。模型检验的方法主要有边界适当性测试、结构评价测试、量纲一致性测试、参数估计测试、极端条件测试、积分误差测试、灵敏度测试和系统改进测试等。这些方法都是为了证明该模型是与现实系统类似的，能够很好地反映出现实系统的各方面变化，本书主要从模型结构适合性检验、模拟值与真实值一致性检验、极端条件检验和参数灵敏度检验四个方面对系统进行检验。

1. 模型结构适合性检验。模型结构适合性检验的目的是为了检验系统模型结构是否与相关描述性的系统认知相符、模型的概况程度是否恰当、模型是否遵循基本的物理规律，如物质守恒定律。

为了使系统仿真模型能够与实际系统模型尽量靠近，模型在设计过程中阅读了大量的参考资料，并咨询了多位专家的意见，最终认为，本书所构建的模型能够较好地反映真实系统运行的状态，即模型中的变量选择、回路设定和因果关系等均能够很好地描述真实系统的行为。同时，通过对模型的量纲和结构的一致性检验，发现模型设定正确。

2. 模拟值与真实值一致性检验。模拟值与真实值一致性检验主要是通过对所构建的模型进行模拟得出其模拟值的变化趋势，并将其与真实数据对比，观察二者的相差程度，二者相差越小，一定程度上说明了所构建的仿真模拟与真实系统更接近。税收政策的科技创新效应系统主要变量真实值和模拟值的对比如图 6-3 所示。

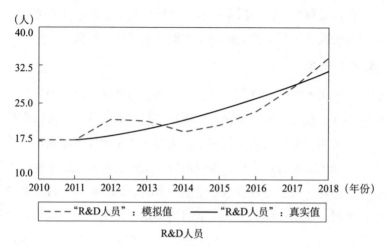

R&D人员

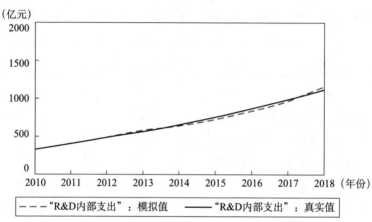

R&D内部支出

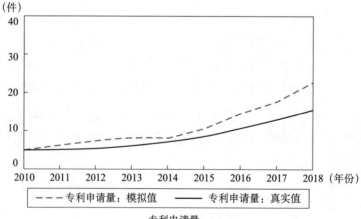

专利申请量

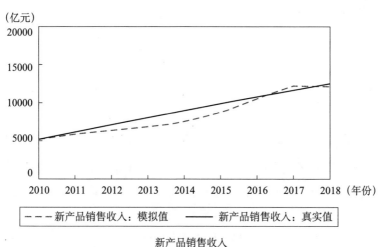

新产品销售收入

图 6 - 3 模型真实性检验

由图 6 - 3 可知，系统主要变量（创新的主要投入产出变量）的估计值与实际值比较吻合，说明设计的模型较为合理。

3. 极端条件检验。极端条件检验主要检验的是在输入变量采用极端值的情况下，每个方程是否依然有意义；在受到极端策略、波动和参数的影响时，模型的响应是否依然合理。在实际操作中，主要对模型的输入变量取零或者无穷大进行检验。因此，为了对模型进行极端条件检验，将个人所得税率取值为0，观察各主要变量的变化趋势，具体结果如图 6 - 4 所示。

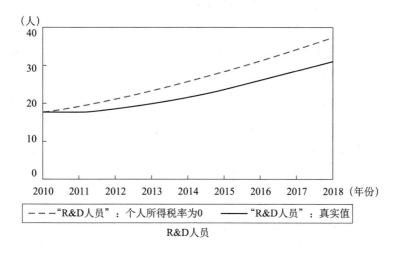

R&D人员

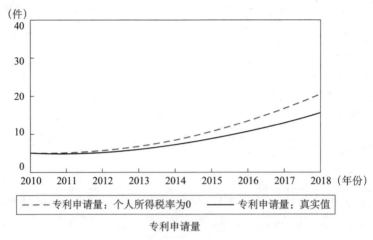

专利申请量

图 6 - 4　极端条件检验

由图 6 - 4 可知，当个人所得税率取值为 0 时，R&D 人员会立刻增加，但是增加的趋势并没有发生突变；专利申请量的变化则具有一定的时滞性，即没有立刻增加，而是在反应了一段时间后才增加，同样增加的趋势没有发生突变。说明系统模型在极端条件下也是依旧稳定的，即模型通过极端条件检验。

4. 参数灵敏度检验。参数敏感度检验是看一个变量如果在一定的范围内变化，模型的运行结果将会发生多大的变化，敏感度检验的结果不像真实性和极端条件检验那样标准明白。一般而言，一个变量的变化会引起模型结果一定的变化，但是不应该发生趋势的变化，运行结果的图形状态应该大致相同，不应该出现过于灵敏或者不灵敏的现象。如果出现过于灵敏的现象，需要进一步检查模型的变量关系是否正确。如果正确，那么说明这个变量是一个关键变量，对它进行改变可以大大改变系统的行为。如果出现过于不灵敏的现象，也需要进一步检查模型的变量关系是否正确。如果正确，那么要考虑是否不需要这个变量。好的模型应该是尽可能地简单明了，对模型运行结果没有很大影响的变量应当尽量去除。因此，通常来说，当一个变量的参数值发生改变时，系统的模拟结构也会发生一定的变化，但是其趋势保持不变。

在 Vensim 软件中选择相应的模拟规则和次数即可以得出置信水平处于50%、75%、95% 和 100% 四个位置时相关变量的取值范围。基于系统参数的数值特征，选择对企业增值税率、个人所得税率和企业所得税率单独或者同时降低 5% 时的各相关变量灵敏度状况，其中，模拟次数为 500，R&D 人员、R&D 内部支出、新产品销售收入和专利申请量为相关变量，分析结果如图 6 – 5 所示。

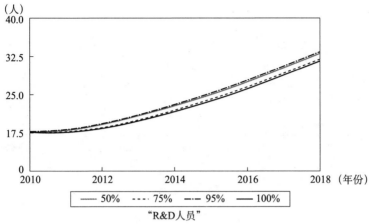

"R&D人员"

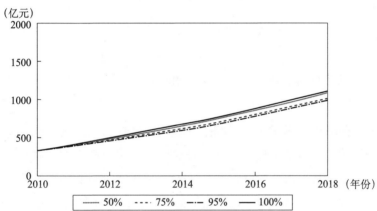

"R&D内部支出"

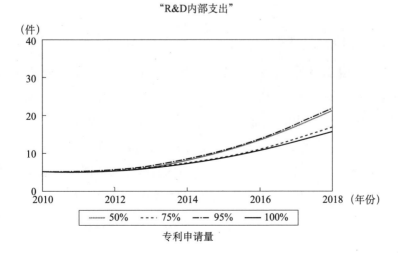

专利申请量

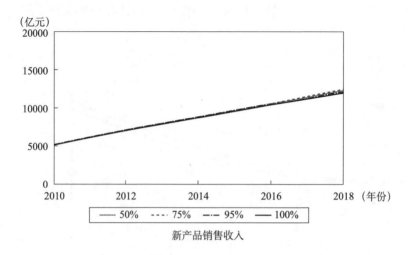

图 6 – 5　灵敏度检验

当企业增值税率、个人所得税率和企业所得税率同时增加 5% 时，四个主要输出变量在震动幅度上存在差异，但是波动的趋势没有发生异常，说明所构建的仿真系统的参数是不灵敏的，对模型对真实系统的模拟来说这是有利的。

通过模型结构、真实性、极端条件和灵敏度检验，发现所构建的模型是适用的、有效的，也能够较为真实地反映深圳市税收政策的科技创新效应系统的运行状况，故采取所构建的模型来对深圳市税收政策的科技创新效应进行模拟是合理的。下面对税率进行调整，观察创新的投入产出变量的变化状况。

（二）税收政策模拟

1. 参数调整范围界定。我国现行的个人所得税率实施的 7 级超额累进税率，各级税率分别为 3%、10%、20%、25%、30%、35%、45%；劳动报酬所得在 2019 年之前适用于比例税率，税率为 20%，2019 年开始计入综合所得，使用超额累进税率，由于本书研究范围为 2010 ~ 2018 年，故劳动报酬采用 20% 的税率。近年来，我国在 R&D 人员的薪酬收入和创新奖励等方面均出台了相应的税收优惠政策，但是优惠的比例需要根据不同的情况而定，没有一个固定的值，依据历史时间的分析可以发现，个人所得税率的平均变动幅度在

5% 左右。

我国现行的企业所得税主要包括两种：一种是适用于一般企业的 25% 的税率；另一种是适用于非居民企业和小型微利企业的 20% 的税率。国家需要重点扶持的高新技术企业适用 15% 的税率，本书主要研究规模以上企业，故企业所得税率设定为 20%，同时，根据近年来税收优惠政策，企业所得税率的平均变动幅度为 5% 左右。

我国现行的一般企业增值税率为 13%，且 2018 年 5 月 1 日之前为 17%，根据本书的研究范围，对企业增值税税率设定为 17%，根据企业增值税的历史变动特征，平均变动幅度在 4.5% 左右。

根据对个人所得税率、企业所得税率和企业增值税率的变动幅度，为了统一，对三者的税率调整范围统一设定为 5%。分别设定个人所得税率、企业所得税率和企业增值税率减少 15%、10%、5% 或增加 5%、10%、15%。

2. 单一政策模拟。

（1）个人所得税率调整仿真模拟。个人所得税的调整对科技创新的影响模拟如图 6-6 所示。

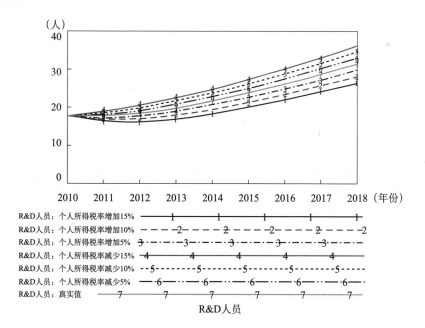

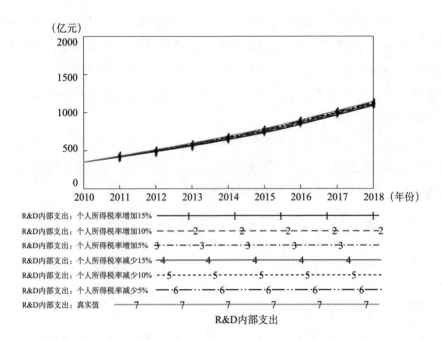

（亿元）

R&D内部支出：个人所得税率增加15% —— 1
R&D内部支出：个人所得税率增加10% — -2
R&D内部支出：个人所得税率增加5% 3- -3
R&D内部支出：个人所得税率减少15% 4- 4
R&D内部支出：个人所得税率减少10% 5- 5
R&D内部支出：个人所得税率减少5% 6- 6
R&D内部支出：真实值 7 7

R&D内部支出

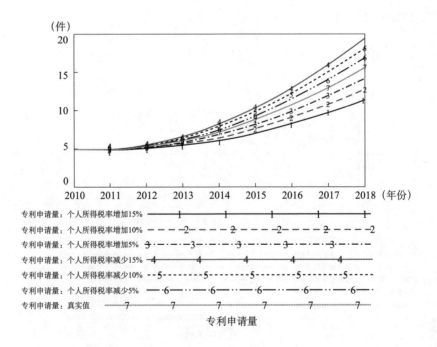

（件）

专利申请量：个人所得税率增加15% —— 1
专利申请量：个人所得税率增加10% — -2
专利申请量：个人所得税率增加5% 3- -3
专利申请量：个人所得税率减少15% 4- 4
专利申请量：个人所得税率减少10% 5- 5
专利申请量：个人所得税率减少5% 6- 6
专利申请量：真实值 7 7

专利申请量

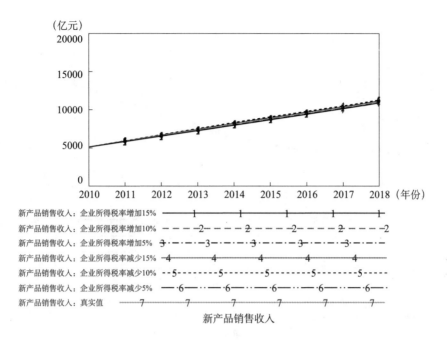

图6-6　个人所得税率变动模拟

由图6-6可知，个人所得税率变动对 R&D 人员影响显著，短期内就会反应，个人所得税率越高，R&D 人员越少，个人所得税率越低，R&D人员越多；对 R&D 内部支出的影响比较小，短期内无影响，长期有较小的影响；对专利申请量的影响显著，且个人所得税率越高，专利申请量越低，个人所得税率越低，专利申请量越高，影响效果滞后一年，从2011年开始显著；对新产品销售收入的影响也比较小，影响效果滞后较长，且个人所得税率越高，新产品销售收入越低，个人所得税率越低，新产品销售收入越高。可见，个人所得税率优惠对科技创新投入和产出均产生促进作用，在创新投入上，对 R&D 人员的影响较大，在创新产出上，对专利申请量的影响较大。

（2）企业所得税率调整仿真模拟。对企业所得税率进行增加15%、10%、5%和减少15%、10%、5%调整，观察科技创新主要投入产出变量变化如图6-7所示。

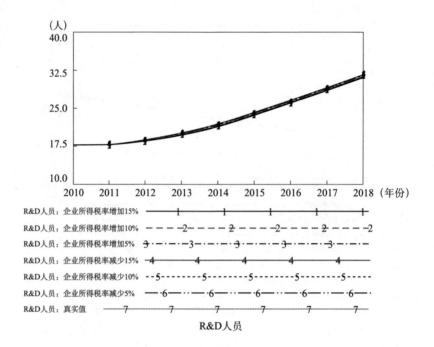

R&D人员

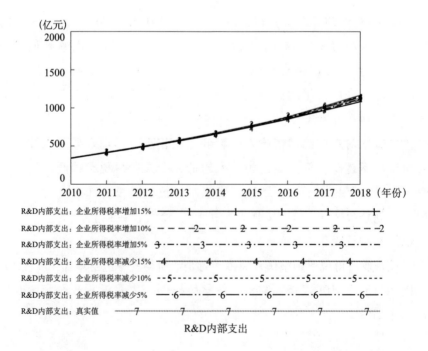

R&D内部支出

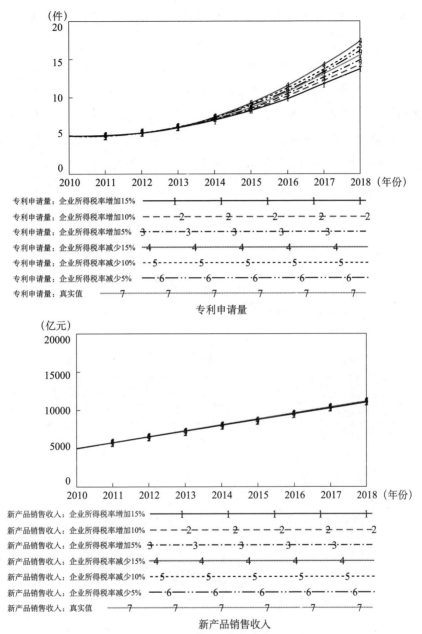

专利申请量：企业所得税率增加15% ——— 1 ——— 1 ——— 1 ——— 1 ——— 1

专利申请量：企业所得税率增加10% — — 2 — — 2 — — 2 — — 2 — — 2

专利申请量：企业所得税率增加5% 3 - - - 3 - - - 3 - - - 3 - - - 3

专利申请量：企业所得税率减少15% 4——— 4——— 4——— 4——— 4

专利申请量：企业所得税率减少10% --5------5------5------5------5

专利申请量：企业所得税率减少5% —·6·—·—·6·—·—·6·—·—·6·—·—·6·

专利申请量：真实值 ———7———7———7———7———7

专利申请量

新产品销售收入：企业所得税率增加15% ——— 1 ——— 1 ——— 1 ——— 1 ——— 1

新产品销售收入：企业所得税率增加10% — — 2 — — 2 — — 2 — — 2 — — 2

新产品销售收入：企业所得税率增加5% 3 - - - 3 - - - 3 - - - 3 - - - 3

新产品销售收入：企业所得税率减少15% 4——— 4——— 4——— 4——— 4

新产品销售收入：企业所得税率减少10% --5------5------5------5------5

新产品销售收入：企业所得税率减少5% —·6·—·—·6·—·—·6·—·—·6·—·—·6·

新产品销售收入：真实值 ———7———7———7———7———7

新产品销售收入

图 6-7 企业所得税率变动模拟

由图 6-7 可知，企业所得税率变动对 R&D 人员几乎没有影响；对 R&D 内部支出在长期内有一定的影响，短期内影响不显著，企业增值税率越高，R&D 内部支出越高，企业增值税率越低，R&D 内部支出越低，说明对深圳而言，

R&D内部支出中政府经费的影响大于企业经费的影响，企业增值税率增加使得财政收入增加，政府科技投入也相应增加，R&D内部支出增加；对专利申请量短期内影响不显著，长期影响比较显著，企业所得税率增加，专利申请量下降，企业所得税率减少，专利申请量升高；对新产品的销售收入几乎没有影响。因此，企业所得税率优惠对创新投入具有一定的挤出效应，对创出产出激励作用较为明显。

（3）企业增值税率调整模拟。企业增值税对企业经营来说也是一个非常重要的税种，其对科技创新各要素的影响如图6-8所示。

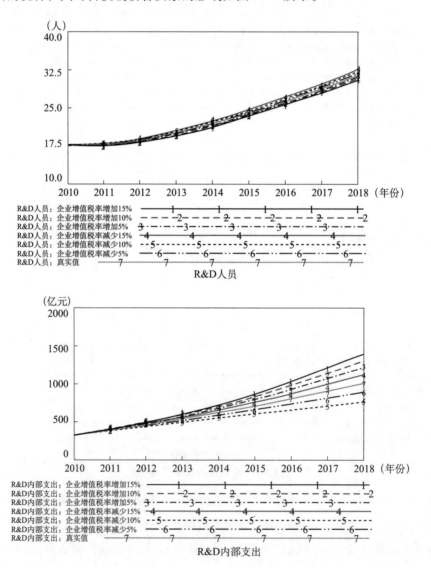

R&D人员

R&D内部支出

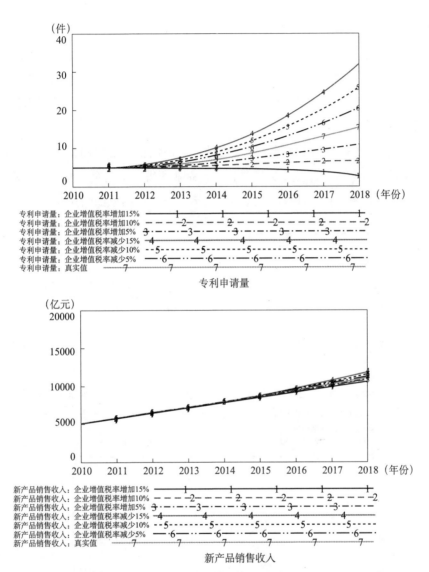

图 6-8　企业增值税税率调整模拟

由图 6-8 可知，企业增值税率调整对 R&D 人员具有一定影响，短期内影响显著，企业增值税率越高，R&D 人员越少，企业增值税率越低，R&D 人员越高；对 R&D 内部支出的影响短期内很显著，企业增值税率越高，R&D 内部支出越高，企业增值税率越低，R&D 内部支出越低，同企业所得税率的影响一样，主要也是政府的作用大于企业造成的；对专利申请量的影响最大也最显著，影响效果具有一至两年的滞后期，企业增值税率越高，专利申请量越低，企业增值税率越低,专利申请量越高;对新产品销售收入长期内具有一定影响,短期没有影响,且企业增值税率越高,新产品销售收入越低,企业增值税率越低,新产品销售收入越高。可见,企业增值税率优惠对科技创新投入人员具有促进作用,对科技创新投入经费具有挤出作用,对科技创新的产出长期内均具有促进作用。

3. 不同政策调整科技创新效应比较。三种税收政策的调整均能够一定程度上影响科技创新,采用个人所得税率、企业所得税率、企业增值税率分别减少5%的方式来比较三种税收优惠政策的效果,比较结果如图6-9所示。

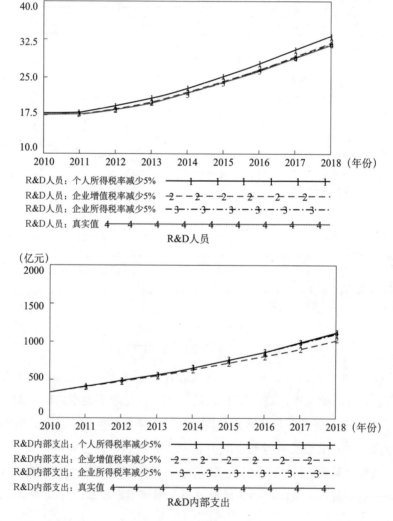

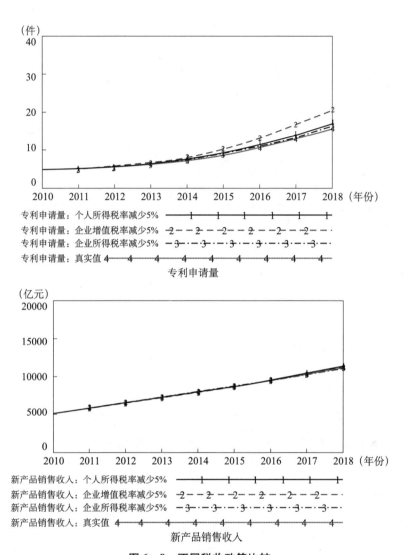

图6-9 不同税收政策比较

通过比较三种税收政策调整发现，对R&D人员的影响效果个人所得税率优惠＞企业增值税率优惠＞企业所得税率优惠；对R&D内部支出的影响效果企业增值税率优惠＞企业所得税率优惠＞个人所得税率优惠；对专利申请量的影响效果企业增值税率优惠＞个人所得税率优惠＞企业所得税率优惠；对新产品销售收入的影响效果企业增值税率优惠＞个人所得税率优惠＞企业所得税率优惠。其中，对R&D经费的影响为挤出效应，因此就促进科技创新投入而言，个人所得税率优惠的效果最好，促进科技创新产出方面则增值税率优惠政策效果最好。

4. 组合税收优惠政策模拟。将个人所得税率优惠、企业所得税率优惠和企业增值税率优惠两两组合，组合方案见表 6-2，分析组合税收优惠政策的效果，并对各方案进行比较，组合方案的模拟结果如图 6-10 所示。

表 6-2　　　　　　　　　税收优惠政策组合方案

组合方案	个人所得税率	企业所得税率	企业增值税率
组合方案一	减少 5%	减少 5%	—
组合方案二	减少 5%	—	减少 5%
组合方案三	—	减少 5%	减少 5%

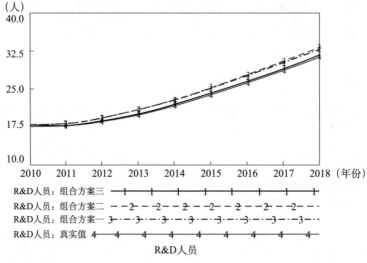

R&D 人员

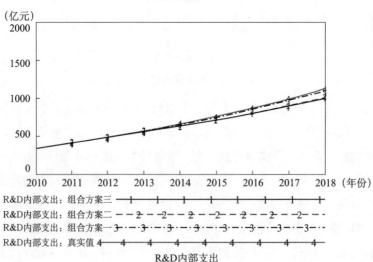

R&D 内部支出

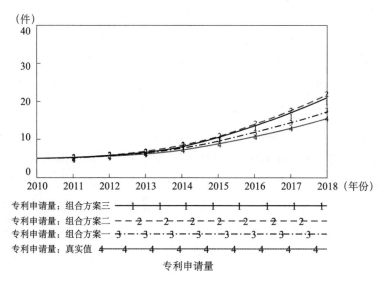

专利申请量

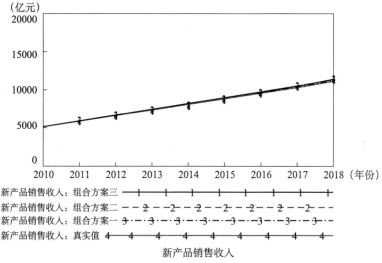

新产品销售收入

图 6-10　组合税收优惠政策模拟

比较三种组合方案的科技创新效应可知，对 R&D 人员的促进作用方案二的效果最好，方案三的效果最差；对 R&D 经费的挤出效应，方案一最小，方案三最大；对专利申请量的促进作用，方案二的效果最好，方案一的最差；对新产品销售收入的促进作用，方案二和方案三要大于方案一。在组合的税收优惠政策方面，综合来说，方案二对科技创新的效应最高，即个人所得税率和企业增值税率同时实行税收优惠。

通过对深圳市税收优惠政策的科技创新效应模拟，可以得出以下结论。

第一，税收优惠政策对科技创新的促进作用具有一定的时滞性，尤其是对创新的经济产出、新产品的销售收入时滞性较长。三类税收优惠政策对新产品的销售收入影响效果的显著性最低，说明当前科技成果转化效率不高，深圳市在促进科技创新方面需要重点关注科技成果的转化问题。

第二，单一的税收优惠政策中，个人所得税率优惠促进科技创新投入的效果最好，企业增值税率优惠促进科技创新产出的效果最好，因此，单一的税收优惠政策无法使得创新投入和产出均达到最优，需要考虑组合方案。

第三，组合方案中采取个人所得税和企业增值税率优惠的效果最好，能够使创新投入和产出均得到有效提升。

第七章

税收政策促进科技创新中心建设的国际经验和启示

第一节 科技创新中心建设的税收政策国际经验借鉴

随着资本追逐知识这一全球趋势变得愈发凸显，科技创新逐渐取代要素驱动成为新时代经济发展的原动力。在制度变革、科技革命、人才流动、经济长波等诸多要素影响下，全球科技创新中心逐渐兴起、更替且向多极化方向发展。近年来，美国、日本、新加坡、韩国等国家都对科技创新中心的建设做了相关部署并取得了引人注目的成就及进展，其成功经验值得我国参考借鉴，以推进深港两地深化合作，突破体制机制限制在河套地区建设全球科技创新中心。

一、美国硅谷

美国作为世界高新技术产业发展的领跑者，拥有被列入世界三大湾区的旧金山湾区和纽约湾区，汇聚了众多全球领先的高新技术企业。硅谷位于美国加利福尼亚州，北起旧金山湾，南至圣何塞市的一条狭长地带，以研发生产硅基半导体芯片而得名，是美国兴起最早、规模最大、影响力最强、辐射范围最广的高新技术产业中心，自 20 世纪 60 年代振兴起，便发展成为世界级高科技园区代表以及众多国家建设国际科技创新中心的标杆式效仿对象。目前，硅谷已坐拥超过 1500 家的计算机公司和 100 万人以上的科技从业人员，创造的年产值达到 7000 亿美元以上，是众多国际知名企业的总部设立地，同时，还拥有许多科研实力雄厚的世界知名院校，融科学、技术、生产于一体，是世界高新技术发展和软件研发的朝圣地，引领着世界技术创新发展的潮流和风向。

作为市场经济体制较为完备的国家，美国政府在构建科技创新中心的过程中并未进行过多干预，一直扮演着辅助性角色，始终秉持硅谷内市场第一、企业优位的态度，主要通过完备制度、完善基础配套设施、调节产业集群内部成员之间以及不同产业集群之间的交流与协作、提供相关项目咨询辅助服务等来协助市场的正常运行，在遵循市场原则的基础上充分发挥了政府的促进作用。硅谷为典型的市场牵引型科技创新模式，由一个"水果之乡"崛起一跃成为全球高新科技引擎，硅谷成功的秘诀就在于其独特的创新生态系统，知识、技术、资本、信息的紧密融合为其提供了源源不断的创新动力，政府和市场的良性配合也使得其集群内部的各种要素得到了充分磨合和协调发展，实现了硅谷高新科技园集群内的良好秩序、高效生产以及资源的有效整合。

观察硅谷的制度结构，可发现以下特点：第一，对中小企业的扶持力度大，引导中小企业与大型企业合作，提升中小企业的社会认可度，推动关系紧密的中小企业及相关配套机构在空间上实现产业集聚，促使中小企业从产业集群的竞争优势和资源整合优势中获益。第二，产学研集群效应显著，推动硅谷地区的产学研合作由"合作教育"朝"合作研发"方向发展，再逐步演变升级为"合作产业化"，支持企业与科研机构、高等院校搭建合作平台，通过创建企业孵化器来为中小企业带来产学研合作的契机，将高校、研究院培养的人才输送到企业，企业再以资金和技术设施来反哺科研院校，使其科研力量进一步提升，通过高度的市场化来加速研发成果的技术化及技术成果的产业化。第三，拥有多样化人才池，将猎头制度、宽松的移民政策、人才绿卡政策和留学生制度等政策有效衔接，构建全方位、多领域科技人才引进体系，同时，还形成了硅谷特有的"鼓励冒险、崇尚合作、宽容失败"的文化氛围，以其风险资本高度集中、市场信息充分透明、技术环境稳定良好等优势为技术创业者提供了充分的技术和资金支持，吸引世界各地的创业者甘冒风险来此创业。第四，风险投资机制成熟，汇集了全美近 1/3 的风险投资资本和过半的风险投资基金，通过积极发展技术转移、金融资本、信息咨询、财务管理、人力资源等多样化服务机构来推动区域资源要素的整合和科技创新网络的构建，既可为企业发展提供资金支持，也可为所投资企业的发展战略提供方向指导和建设性意见，进而形成风险投资和市场运营的良性循环。第五，知识产权保护意识强，通过完善相关法律法规为知识产权保护提供有力的法律支撑和制度保障，同时，也给予知识产权充足的资金回报，促使区域内人员和企业的知识产权保护意识得到整体提高。

美国是世界上采用财税激励政策及税收优惠措施来对高新技术开发区、创新科技基地的建立进行扶持和推动的成功典范。在硅谷的制度构建中，财税激励政策也是极为重要的一环，对硅谷的迅速发展发挥了关键性推动作用。美国政府主要采取以下财税激励政策及税收优惠措施来推动硅谷构建成为国际科技创新中心。

（一）大力扶持中小企业发展，将优惠重心移至科技成果研发中前期

硅谷虽有苹果、英特尔等大型企业，但绝大多数都为中小企业，因此，促使高新科技型中小企业形成产业集群成为财税政策实施的重要内容。由于中小企业在大型企业面前既无规模优势也无资本优势，产品和技术创新是支撑其生存发展的前提和使命，所以解决中小企业科技研发中前期的资金短缺问题是关键所在。在此方面，美国政府常采取税收减免方式来为中小企业减轻负担，建立健全了中小企业融资法律法规体系，先后颁布了《小企业法》《中小企业投资法》《中小企业经济政策法》《小企业投资奖励法》《中小企业技术革新促进法》等，为中小企业的发展营造了良好的融资环境。在企业税收负担方面，对于雇员人数在 25 人以下的企业实现的利润，企业可选择按一般公司所得税法纳税，也可选择享受先分股息后征个税的税收优惠来避免重复征税，可在合法范围内自行选择受益最大化的纳税方式；而对于新兴企业，地方政府可根据其规模及纳税额度来减免其地方税。在 R&D 费用扣除方面，美国国会通过的《R&D 减税修正法案》规定以企业实际的 R&D 支出情况来确定给予其免税额度，并允许将未使用的 R&D 免税额度向以后年度结转使用，对企业加大科技投入给予了充分支持。同时，美国税法还规定让产业集群内的创新型中小企业享受特殊税收优惠，即资本收益税减半，以 14% 税率征税，如若中小企业用于科研创新的费用相比上年有所增加，还可获得相当于增加额 20% 的退税。

对企业用于技术更新改造的设备投资，美国税法规定可按其投资额的 10% 抵免当年应交的所得税。另外，美国政府还给予了中小企业设备折旧优惠，如对用于试验研究和生产应用方面的固定资产和机械设备折旧年限分别缩短为 3 年和 5 年，对于新购入的机器设备，折旧年限小于 3 年的设备可享受 2% 减税，折旧年限在 3~5 年的设备减税 6%，折旧年限达 5 年以上的设备减税 10%，通过加速设备折旧来减轻企业中前期的科研负担。

（二）推动产学研一体化，形成高校与企业间的创新驱动循环

周围拥有众多顶尖高校是硅谷发展高新科技的一大优势，高校作为知识创新的摇篮，与企业这一技术创新载体的联结不仅需要市场的催化，而且需要政府的引导。美国经过多次立法，制定了针对高新技术企业发展和大学科技研发的税收优惠政策，明确规定企业对科研机构的捐款免税；在实际操作中，确实不以营利为目的而从事科技研发活动的科研机构，或者仅有少量营利收入但均严格用于研发活动的科研机构可划归为非营利机构，对于此类属于非营利企业范畴的科研机构，不论是政府设立的还是企业私营的，都不具有纳税义务。在 1981 年《经济复兴法》中，美国政府还新增了一系列特殊的税收规定，如对于高新技术企业研发费用超过前 3 年研发费用平均值的，可对超过部分按 125% 进行加计扣除，当年不足抵扣的可选择向前 3 年追溯调整或向后 7 年递延抵扣。1988 年颁布的《国内税收法》也对有一定研发投入或参与了合作研究的企业提出了相应程度的税收减免，凡是对大学的基础研究给予了资助或提供了科研设备支持的工业企业，均可享受以科研经费抵冲部分税款的优惠政策；对于通过订立合同来委托高校完成基础研究课题的企业，可以用科研费用的 65% 抵扣应纳税所得额或新增部分的 20% 可冲抵应纳税款。另外，由于研发经费不具备资本累计性质，参加产学研合作的企业还可获得特殊减税优惠，可在将资金投入高校研发的同时获得隐形利润回报。此后颁布的《国家技术转让与促进法》和《联邦技术转让商业化法》也在促进国内技术转移、加强科研机构和产业间技术转让、人才交流等方面发挥了显著的促进作用。

（三）完善人才流动体系，实施更普惠的科技人才激励政策

为了使临近科研院校的区位优势得到充分发挥，美国税法规定，准许纳税人以研发经费抵减 35% 的应纳税所得额，因此，通过一般税收抵免法和选择

性税收抵免法计算得出的真实税收抵扣率可分别达到13%和9.1%。在《联邦技术转移法案》中，规定可将参加技术转移活动纳入科研人员的绩效评估当中，并准许科研项目参与人员分享成果转移的收入，对于此部分收入，法案也给予了相应的税收减免优惠。在充分发挥自身人才、资源优势使之转化为科技创新核心力量的同时，美国政府还推出了许多人才政策，通过修改移民法案、加大人力资本的财政投资等方式优先吸引了大批高学历人才进驻本区域。此外，政府还对硅谷科技园区内的企业员工设立了个人所得税减免优惠，给予科技人员相关收入20%的退税优惠，同时，鼓励区内企业员工购买并持有科技企业的股份，以此来增强人才创新积极性及组织凝聚力。另外，还将知识产权作为激励硅谷区域范围内科技持续创新、激发科技人才工作热情的重要机制，将条文法和判例法充分结合，陆续推出《专利法》《美国发明人保护法》《综合贸易和竞争法案》等知识产权法律，强调将专利授予第一个专利发明人，并采取谁投资谁受益的原则，充分扩大了知识产权保护的范围和力度。

（四）税前列支风险投资，鼓励创投资金流向创新型企业

美国政府对风险投资给予了充分的税收优惠支持。在20世纪80年代以前，美国的资本收益税税率一直居高不下，且从25%逐步上升至49%，高税率严重阻碍了风险投资的发展，使得其资金扩充难以有效正常进行，因此，美国政府从80年代开始对资本收益税税率进行调整。先于1986年颁布相关法案，规定以投资额的一定比例减免所得税，此后又进一步降低投资收益税，并将资本收益税税率进行了数次下调，具体做法包括对风险投资额的60%免税、对剩余部分减半征收所得税等，通过数次下调后，资本收益税税率下降至20%，有效刺激了风险资本的增加，使得大批资金涌入高新技术领域。在2008年金融危机席卷全球之际，美国政府还专门制定了针对中小企业投资的税收优惠政策及减税法案，在《恢复与再投资法案》中规定，对于投资者连续投资小型企业达到5年的资本收益税减少75%，并给予总资产金额不超过500万美元的小微企业长期投资税和永久投资税的减免优惠。对于小型创新企业，美国政府允许其将风险投资损失进行税前列支。同时还规定，在创投企业持有股票时间超过5年的前提条件下，对投资者出售股票获得的收益给予相当于收益额50%的免税优惠。对于将资金投资于存在高风险的小型高科技企业

的风险投资者和风险投资企业，美国政府会向其无偿提供亏损补贴。同时，为维护风险投资市场的公平有序竞争，美国政府加强了风险基金方面的立法和管理，如《小企业研究计划》《小企业投资法》等都对风险投资的发展提供了有力支持。

（五）完善互联网化金融财税政策，保持区域性网络畅通

硅谷依托其教育资源构建了"科技＋产业＋基金"的良好创新创业生态系统，通过有组织的区域划分和分散性的组织形式构建了相对完善的社会关系网络，并依托此网络形成了较为灵活的产业体系，在良性的互动循环和学习交流下，通过实现资源、信息的有效整合来进行技术革新以适应社会发展。近年来，依托互联网进行金融服务这一方式逐渐兴起，互联网化的金融服务对于硅谷依托社会关系网络来把握整体竞争优势的产业体系具有极为重要的意义，美国政府很早就意识到这一点并采取措施全力支持。首先是主张不对互联网贸易征收任何形式的附加税或关税，同时于 1998 年通过了《互联网免税法》，提出对互联网商业薪金暂停征税 3 年，此后又陆续对此决定进行期限延展，将免税期限延长到了 2014 年，并于 2014 年通过了《永久互联网免税法案》，对互联网商业介入服务实行永久性免税，给予了互联网化的金融服务有力的税收支持，同时，对股权众筹平台的承认也给区域内资金流通和借贷服务发展带来了积极影响。

二、日本筑波

日本筑波科学城于 1963 年开始建设，起初为了实现"技术立国"战略构想，先是将其定位为建设疏散战后激增人口的卫星城，并将部分首都城市职能转移至此，以缓解东京经济恢复及城市重建压力，而后又被规划为筑波科技园区，并于 1970 年《筑波科学城建设法》出台后正式将建设科技园区这一方案落地实施，旨在构建一个在科研、教育、技术上均能符合国家发展要求的高水平科研教育基地，在此期间，陆续将东京的部分机关单位和科研机构集体迁入筑波，且在 1980 年基本完成搬迁。筑波科学城总面积共计 284.07 平方千米，内部建有筑波大学，在政府部门的积极引导下，筑波如今已被建设成为一个以筑波大学和国家研究机构为核心、以生命科学创新和绿色环保科技创新为研发

重点的综合性科技创新中心。

与美国硅谷这种由市场牵引、以商业资本和优势产业主导而形成的科技创新中心不同，筑波是典型的政府主导型科技园区，由于其是日本政府首次尝试建设的科学城，因此，日本政府密切参与了其规划及后续建造的整个过程，搬迁建设费用完全由中央资助。为了高效调动各方力量推进筑波科学城的建设规划，日本政府还成立了专门的全面联络推动组织，投入大量人力、物力及资金，在行政力量的突出作用和充足的政府资金支持下，筑波科学城的建设逐渐进入快车道，实现了迅猛发展。在这种城市建设完全由政府主导的发展模式下，筑波科学城的法律体系、文化机制、城市治理均体现出浓厚的中央主导色彩，在管理上严格实行上级对下级的垂直领导。因此，筑波科学城虽然获得了很多由政府主导建设带来的好处，但是同时也暴露出一些问题，如持续发展内在动能相对不足、民间投资力量相对薄弱等。

为实现"技术立国"战略构想，日本政府对筑波科学城的建设主要从以下几个方面着手进行：第一，制定法律法规，实现园区建设有法可依、有章可循，以法律条文形式明确各类主体的责任边界及管理内容，形成制度化法治治理体系，同时，在法律条文的内容规定及表述上尽量简明扼要，体现法律原则和态度，给予政府较为宽松的自由裁量权。第二，配套服务体系完备，以人为本，产城融合，以土地为核心按城市功能分区构建综合性配套设施，秉持科技发展与生态并存的理念，与首都城市圈内的其他城市各司其职，分工协作，依托各自的城市区位状况和资源禀赋分配城市功能，以形成系统合力向外辐射。第三，多渠道壮大人才队伍，将有影响力的科研主体机构迁入园区内，为跨学科学术交流与科学研讨搭建平台，对园区内的人才实行统筹管理，为科研人员提供充足完善的生活配套服务，同时，还为人才提供国际学术交流协助等辅助服务，积极鼓励国内外学者进行交流。第四，重视基础技术研发，为基础研究提供了大量的资金支持，充分发挥筑波科学城的地理优势，鼓励科技型中小企业产业集群发展，同时为企业自主创新及科技成果转化提供制度保障。第五，建立以企业为主导的横向培养式产学研合作机制，鼓励企业参与高校人才培养，支持科技人才到企业参加科研实践，给予研究机构专门的财政拨款，通过吸引私人公司入驻园区来加强产学研的结合。

对于筑波科学城的建设，日本政府很早就采取了助推其发展的税收激励措施，并形成了针对高新科技企业、产业集群、科技成果转化等方面的一系列税收规章制度，其中包括加速设备折旧、费用加计扣除、税收减免等优惠措施，主要内容如下。

（一）落实税收法定原则，以法律形式体现税收优惠政策

日本政府制定了许多与建设筑波科学城直接相关的法律法规，并建立了健全的法律体系。其中，除了专门为高科技园区制定的法律法规外，还有许多与国家科学、技术、经济甚至社会有关的法律法规。以条文形式对筑波科学城的规划建设、园区治理、产业管理等内容加以明确和约束，在《筑波科技园区建设法》中，就体现了很多关于科技园区内各类主体的管辖范围及其责任边界的规定。另外，在资金和政策方面，日本政府也采取了很多举措，如推出"筑波研究学园都市建设法""技术城促进税则""增加试验研究费税额扣除制度"等。在以颁布法律法规来推进园区集中建设的同时，日本政府还采取了很多其他的优惠措施，如发放补助金、给予低息长期贷款、给予减免税优惠等，均以法律形式体现，其中对科技创新及科研成果转化方面制定的税收优惠政策就主要体现在《关于加强中小企业技术基础的税制》和《促进基础技术开发税制》两个法律当中，这些都有力地保障和促进了筑波科学城的发展。

（二）充分发挥折旧"减税板"功能，减轻企业研发负担

设备特别折旧制度是税法的一大重要组成部分，主要用于缩短折旧年限，减轻企业研发时期的资金负担，鼓励企业加快技术更新步伐，扩大设备的投资力度等。日本为了加速战后经济重建，减轻企业负担，采取各种折旧方法来激发企业活力。20世纪60年代便将全行业的机械设备折旧年限都缩短了55%，之后又陆续对集成电路、合成树脂、核燃料加工等生产设备的折旧年限进行了相应的调整，缩短了8%～28%。另外，日本政府先后制定了"实验研究开发特别折旧制度""科学技术振兴折旧制度""新技术投产用机械设备特别折旧制度"等数十种特别折旧制度，规定对重点产业引进的技术研发设备在其购入的第一年可以按设备购置成本的50%进行加速折旧以形成企业内部积累，或者可以选择直接按其成本价的4%进行税前抵免。对于风险型企业的主要技术设备，可以实行短期折旧制度，折旧年限远小于普通企业的设备最低折旧年

限，且设备的加速折旧金额可在税前扣除。对于中小企业购进的低于30万日元的资本性支出，允许其在购置当年直接作为费用扣除，但每年最高扣除限额为300万日元。此外，为了促进设备的现代化更新改造，还允许中小企业在其进行设备现代化改造的第一年对固定资产总额计提30%的特别折旧，或者可选择7%的免税优惠，以此来缓解中小企业的资金压力。

（三）投资研发费用税前抵免，促进基础技术开发

为了支持企业对基础技术的研发，日本税法形成了专门针对研发活动的一系列税收规章制度，其中包含了关于实验研究费用、中小企业技术研发费用、特别实验研究费用等多方面的内容。在研发费用税收抵免方面，日本政府采取的是总量抵免和增量抵免混合的方式，颁布的主要政策包括"关于研究开发总额的税额抵免制度""中小微企业投资促进税制"等，明确规定，对于总资产不超过1亿日元的中小企业的研发支出，可以对其研发支出总额的12%进行抵扣，但是抵扣额不可超过该企业一个会计年度企业所得税总额的25%；而大型企业研发费用总额的8%~10%部分也可进行税前抵免，抵免限额和中小企业相同。另外，还有两种中小企业和大型企业均可享受的额外增量抵免方法：其一，对于符合条件的R&D支出，其超出前3年平均R&D支出的部分可乘以5%进行增量抵免；其二，对于符合条件的R&D支出，超出包括当年在内的过去4年平均销售收入10%的部分可以享有一定比例的税收抵免优惠。对于企业用于员工教育培训的费用支出，日本税法也给予了相应的税收抵免优惠，当中小企业的员工教育培训费占其劳务支出的比例超过0.15%时，可以享受相当于员工教育培训费总额8%~12%的税收抵免，最高抵免限额为所得税应纳税额的20%。另外还规定，中小微企业生产或购买用于国内制造业、建造业等政府指定事业的新机械设备（如电子计算机、机械装置、软件、车辆船舶等），可按价款的7%免税，最高限额为其企业所得税额的20%。另外，企业的研发费用可按照递延资产处理选择在当期进行全额扣除。用于基础技术研究的折旧资产，可按当年该项支出的5%进行应纳税额的直接抵免。

（四）设置优惠税率推动科技型中小企业产业集群发展

中小企业产业集群发展属于日本企业发展的一大特色，为了保证集群内各企业的联合协作及总体成长性，日本出台了专门针对中小企业的相关法律，如

《中小企业基本法》《中小企业现代化促进法》等，以法律形式保障税收优惠政策的执行。此外，日本政府还采取贷款倾斜政策对中小企业的技术创新提供金融支持，设置了专门机构（如"国民金融公库""中小企业金融公库"等金融机构）为其提供贷款服务，相比银行利率，这类专门机构向集群内中小企业提供的利率通常会更低。除此之外，还设立了针对中小企业的信用保证制度和专业担保协会为其提供信用担保，对有资金困难无法偿还贷款的中小企业给予还款帮助，进而大幅提高了集群内中小企业的融资能力，使其资金情况得以改善。另外，还设置了优惠税率来促进中小企业产业集群的发展，比如，在增值税方面通过设置增值税的起征点来给予中小企业政策倾斜，对于年应税销售额小于 1000 万日元的中小企业可免征增值税；对集群内的小企业征收的法人税税率相比普通税率要低 8%；对于集群内企业公用的设备，可以享受固定资产税减半优惠，优惠时限为 3 年，从而大幅提高了机械设备的使用效率。另外，还规定组成各类集群或组织的中小企业可按 27% 的优惠税率纳税，以此来鼓励中小企业向集群发展。

（五）积极引导产学研合作发展

为了提高科研成果的转化率，日本政府积极引导企业与科研机构进行合作，还鼓励以"师徒制"培育机制来加强科技人才与企业间的交流，并以"第三方机构＋企业"的发展模式来推进专利成果的产业化发展，不断扩大对科研项目的资金支持，给予了人才充分的科研自由。在促进产学研合作方面，日本政府主要采取的是税收抵免形式。早在 20 世纪 90 年代，为推进私营企业和基础科学技术领域的科研机构进行合作研究，日本政府推出了对特定研究开发活动的税收优惠，如对与国家研究实验室、外国研究实验室合作进行的研究开发活动，以及为实现特定目的而进行的研究开发活动（如可再生资源的有效利用、研发医药用品等）所发生的全部开支可享受 6% 的税收抵免。在技术转让方面，《加强中小企业技术基础税制》中明确规定，对于输出技术专利实现的所得，相当于所得额 18% 的部分可享受所得税免税优惠；对于企业与公共研究机构进行科研合作发生的费用支出可予以税收抵免，抵免率最高可达到 30%，而与非公共研究机构合作可抵免 20%；对于非营利性企业的成果转让收入可给予税收减免优惠，以此来双向刺激科研成果转化的供需两端积极性，推动科技成果转化。

三、新加坡

作为一个国土面积狭小、自然资源匮乏、经济基础落后的岛国城市，新加坡在20世纪60年代独立之初凭借其区位优势、人力成本优势及政治环境优势吸引了大批跨国公司到此投资建厂，由此走上发展外向型制造业的道路，从最初的港口经济慢慢积累逐渐转变形成制造业、金融业、运输业和对外贸易四大产业并存的多元化经济结构，在资源、技术、劳动力、资本等方面为后续新加坡发展知识密集型产业提供了坚实储备。直至20世纪末，经济危机的爆发给经济对外依存度极高的新加坡带来了沉重打击，使得新加坡的经济发展一度放缓甚至停滞不前，因此，新加坡政府重新审视了自身的发展模式并确立了以知识经济为主的战略发展新方向。经过多年的构建，新加坡实现了效率驱动向创新驱动的经济结构转型，同时建立了政府主导型国家创新治理体系。在发展知识经济、推进科技研发和区域协同创新的过程中同时发挥了强势政府与市场主导作用，以完善相关政策及配套措施、搭建创新平台、扶持科技创新主体等方式放活市场"无形之手"，利用政府与市场的优势互补推动其开放型区域创新体系的构建。

由于拥有毗邻马六甲海峡的极佳区位优势，新加坡充分利用其作为东西交汇点的特殊性，抓住了20世纪末期全球创新资源向东部转移的良好契机，积极吸引各类创新资源到此集聚，形成了一种以诸多创新主体构成的开放式创新网络，在空间要素和时间要素的交互作用下，从全球自由贸易港演变成全球科技创新中心。在新加坡的创新发展中，市场占据了主导地位，在开放式创新网络的作用下，新加坡以其极大的包容性容纳了多元种族和多元文化，有效促进了各类创新主体在宽松自由的氛围下进行集体学习和合作创新，形成了企业间相互依存的上下游配套关系。同时，政府的政策引导和积极介入也功不可没，在新加坡的城市定位、发展转型、创新框架构建、阶段性发展内容等方面都制定了详细政策，此外，还推出一系列鼓励性政策，将新加坡的自贸区、城市、科技创新中心功能三合一，强调制造业和服务业的重点产业地位，搭配解除外汇管制等措施，充分发挥其自贸区优势和正溢出效应，大力发展外汇市场进而带动金融业和交通运输业的发展，吸引了更多风险投资汇聚于此。

从创新驱动战略的构建上来看，新加坡主要采取了以下举措：第一，巩固优势产业地位，深化已有产业基础，将高端制造业和服务业作为重点培育的创新"双引擎"产业并引导其向纵向产业升级及知识密集型方向发展，鼓励企业从单一产品生产制造向形成高附加值产业链转变，勾勒出国家创新的总体框架。第二，通过搭建科研创新平台来加强本土企业与跨国企业之间的联系，鼓励跨国企业在新加坡设立研发中心、开展研发活动，积极推进跨国公司和本土企业中管理人才及技术骨干之间的交流学习，在借助跨国公司来壮大科研实力的同时多渠道持续加大科技创新投入。第三，强化企业主体地位，重视企业家精神发展，通过放松管制、制定鼓励性政策、设立创业孵化组织、创业教育全方位覆盖等方式形成"勇于创业、敢于创新"的社会氛围，全面支持中小微企业的科技创新活动，致力于推动产学研主体间的交流合作，激发主体要素活力。第四，建立开放型创新人才引进机制，将吸引国际化人才与培育本土人才并重，通过设立丰厚奖金、专门的人才研究计划、宽松居留政策及人才回归计划等方式来吸引和招募全球高层次人才，同时，以《环球校园计划》积极引进世界一流大学及专家学者，通过提升本国教育水平、资助优秀学生进行海外交流学习等方式来加速本土科技人才培养，集聚创新人才资源。第五，优化创新服务体系，注重创新环境建设，通过健全知识产权保护机制、优化风险投资环境、完善资本市场体制、构建科技创新平台网络等措施来吸引投资和鼓励创新，注重整体知识产权保护和文化氛围的营造。第六，重视科技成果的商业化应用，遴选出科技成果转化项目，有针对性地对其研究人员及研究机构进行资金资助，激励企业和科研机构最大限度发挥出其在创新方面的优势和专长。

自新加坡确立创新驱动经济的发展方向以来，新加坡政府从人才、产业、资本等多方面为促进企业创新发展制定了财税激励政策。

（一）重视对科技创新的前期投入

为减轻科技创新企业的前期研发投入，新加坡将研发费用分为资本性支出和营业性支出，规定资本性支出可在 3 年内分期扣除，而营业性支出则可一次性扣除。另外，新加坡税法在税收扣除和加速折旧方面对企业的研发和创新给予了大力支持，明确规定符合条件的高新技术产品制造企业可享受 5～10 年的低税优惠，拥有先进技术及创新能力的新兴工业企业可享受 5~10 年的免税期，而从事附加值高、项目投资金额大且生产研发周期长的企业可享受总优惠期限不超过 20 年的减免 10% 所得税的优惠政策。除了用于建筑和设备购置以外的企业科研开发费用，新加坡税法规定可给予其双倍扣除优惠。另外，为解决技术开发和创新资金的需求，新加坡政府规定，对某些经过批准的企业可按其应纳税所得额的 20% 计提技术开发准备金，在投资发生前按照损耗来计算金额，并对用作准备金处理的这部分金额免税。对于向政府批准的新技术工业项目给予了投资的本土企业，如果该项投资发生了亏损，允许其按投资额的50% 抵免应纳税所得额。在设备折旧上，一般设备折旧年限为 3 年，而高新技术产业及新兴工业的研发用固定资产可一次性提取 50% 的初次折旧。

（二）以税收减免优惠吸引国外企业，激发本土企业创新热情

为了吸引企业投资、支持企业发展，新加坡一直保持较低的企业所得税税率水平，并从 2003 年起就一直在对企业所得税进行调整完善。2003 年，新加坡的企业所得税税率为 22%，随后逐步降低至 2010 年的 17%，至今依旧保持17% 的企业所得税税率，在全球范围内属于较低的水平。就企业所得税税收负担而言，新加坡给予了企业较低的税负压力，由于企业在横向可选择的情况下会趋向低税地，进而这就为跨国公司的入驻创造了条件。另外，新加坡每年都会根据经济发展情况推出不同的减退税优惠政策，从 2008 年起，其免税门槛已逐渐提高到 30 万新元，近年来，退税额度也都在应纳税额的 30%~50% 之间浮动。此外，新加坡还设立了专门的基金（如 R&D 辅助计划、公司研究鼓励计划等）来鼓励跨国公司开展研发活动，为跨国公司的研发活动提供资金支持；向那些可以带来先进技术的外国高新技术企业给予了 5~10 年的税收减免期，减免税额为当年实现利润的 33%，以极为优惠的税收政策吸引外国企业到本国投资设厂。同时，还给予了从事高新技术研发的企业相当于其固定资产投资额 50% 的税收抵免额，并允许从事电子计算机软件及信息服务、医药研究、农业技术服务等生产服务的企业双倍扣除其研发费用，鼓励本土企业学习外国企业的先进技术，通过"引进—消化吸收—再创新"这一过程来最终实现企业的自主创新。

（三）鼓励风险投资，吸引国际风投资金

新加坡不仅设立了政府投资基金、科技风险投资基金、经济发展委员会投资公司等机构，将企业发展划分为多个阶段，如"创业阶段""成长阶段""国际化阶段"等来评估其各阶段的潜在融资需求，以推出融资援助计划及配套融资产品来为其提供全方位、全生命周期的融资服务，弥补其各阶段可能存在的资金缺口，而且还采取了一系列税收优惠政策，通过给予财政补贴、税收减免等方式来吸引民间、国际风险投资以及天使基金，如 2010 年推出的《天使投资税收减免计划》中提出入选本计划的天使投资者对于新创企业的投资，可享受 50% 的税收减免优惠；如果风险投资机构自身经营连续 3 年出现亏损，也可获得相当于其风险投资总额半数的政府补贴。另外，政府还通过免缴税款、直接补贴等方式与风险投资企业、天使基金共同承担投资高新技术企业及初创企业的风险，对于高科技风险投资企业，在其创立的前 5~10 年可享受完全免税的优惠待遇；投资于政府批准的高新技术产业的企业，其因为股权交易、风险投资或由风险投资事业清算造成的损失都可以在税前进行扣除，而风险投资管理公司的管理费用及红利收入也可享受免税待遇，但免税期限最高为 10 年。资本市场体制的完善为科研人员创业道路肃清了融资障碍，给予了高新技术企业、初创企业的创新创业有力支撑。

（四）以特殊税收优惠鼓励中小微企业发展，促进科技成果商业化

为激励中小微企业加大研发投资，新加坡出台了一系列促进中小微企业科技创新的政策计划，如 2010 年推出的"生产力与创新优惠计划"，其中涵盖了关于员工培训、注册知识产权、购置设备、研究与开发、授权使用知识产权等六个方面可享受额外税额扣除及现金津贴的研发支出内容，对企业创新带来了良好效应。此后，又将"PIC 计划"期限延长并引入重点用于资助中小微企业开展创新活动的"PIC + 计划"，对年营业额不超过 1 亿新币或雇员人员不超过 100 人的中小微企业 2016~2018 年纳税年度的每年合并费用上限提高至 180 万新币，还允许中小微企业享受更高比例的加计扣除或税收抵免优惠，最高加计扣除比例可达 400%，并对可享受 400% 加计扣除的限额从 40 万新币提高到了 60 万新币。另外，还给予中小微企业采购设备特别折旧优惠，规定给予符合条件的企业按其应纳税所得额的 20% 来提取研发准备金并仅准予在 3

年内使用。在手续办理方面，新加坡政府也为中小微企业提供了税收优惠政策审批直通车服务，以减少其纳税成本。此外，还设立了专利申请基金，对于新科研成果在专利申请过程中所发生的相关费用可按其费用的50%对其进行资助，以此来鼓励中小微企业积极申请知识产权保护。

（五）优化税收营商环境，完善具有国际视野的顶层设计

由于新加坡属于城市国家，并没有复杂的多级地方行政机构，只有单层次政府，因此税制结构也与其行政体系相适应，具有简明合理、高度法制化等特点。新加坡的税法体系较为完备，在21世纪初进行了较大幅度的税制改革，先后调整了印花税法、商品及劳务税法、财产税法、所得税法等，同时，也完善了部分关于管理雇员、授予特殊部门相应权利的辅助性法规，极大地优化了税收营商环境。另外，为使本国企业的商业优势发挥到最大，新加坡政府还制定了一系列保护私人智慧财产权的规章制度，并与美国、日本、欧盟等发达国家和地区签订了双边智慧财产权保护协定，进一步加强了对本国创新成果的保护。在纳税服务方面，新加坡政府也实现了由早期的电子报税，到电子服务整体完备的税务门户和税务稽查信息平台合并，再到零填报服务的演变升级，极大地缩短了纳税人的办税时间及办税程序，同时还推出了社区合作纳税服务，引进交互式登陆工具为企业及纳税人提供针对性的纳税服务，并免费为公众提供数字化税收解决方案，有效降低了纳税人的纳税成本。在建设国际化税收环境的过程中，新加坡也积极主动地推进国际税收合作，不断更新和扩大避免双重征税的协定网络，充分发挥了税收的正向作用，完善具有国际视野的税收顶层设计。

四、韩国大德

20世纪70年代初期，由于传统经济模式面临巨大挑战，韩国政府提出以"技术立国"取代"贸易立国"的经济发展新战略，加强对科技发展的支持，培育自身科技力量，并以日本筑波科学城为蓝本建设大德科技园区，将其定位在建设成为韩国乃至全亚洲顶尖科研、人才培养及新兴产业培育基地。经过多年的发展，大德科技园区如今已成为以高水平科研院校及研究所为支撑的科技型研发及创业园区，集聚了诸多科技与风险企业，并将重点研究领域逐渐转变

到信息通信、新材料、生命工学、精细化学、能源、机械航空等国家战略产业技术、基础科技以及大型复合技术领域，承担着各类国家重点课题研发及企业委托研发项目，目前已成为衔接韩国科技与产业发展的桥梁和纽带，在韩国科学技术自立战略中发挥着技术引擎作用，为韩国的经济发展提供技术动力支撑。

随着韩国的科学技术发展逐渐由技术跟踪转变为自主创新，大德科技园也慢慢转变自身角色定位，从教育科研型园区转变为集产学研于一体的研究开发特区，其建设转型大致经历了三个阶段：第一阶段为规划建设阶段，其重点在集中科研力量建设与研发活动相衔接的教育科研园区，总体划分为两个时期（西城开发时期和东城开发时期），历经 20 年基本完成部分高等教育院校和研究机构的搬迁入驻；第二阶段为战略转型阶段，逐渐将发展重心转移到教育科研与产业开发并重，着力吸引大型企业研发机构入驻园区，推动园区产学研合作，初步形成园区内产业集聚、人才集聚、知识密集、技术密集、信息密集等优势效应，为后续实现自主创新的扩围和深入发展奠定了基础；第三阶段为职能拓展阶段，在基本实现园区内产学研并重发展的基础上，进一步形成研究开发牵引型创新集群，通过园区扩围、完善技术商业化配套设施、政策引导、发展知识密集型风险投资等措施来扩大园区科研成果的辐射范围，推动优秀公共研究成果向事业化、产业化发展。大德科技园区没有任何民间发起特征，市场机制作用较弱，和日本筑波科学城一样是典型的政府驱动型创新集群，在其建设的三大阶段都体现了明显的政府意志及政府主导特征。无论是在计划制订、组织体制构建还是基础设施建设上，韩国政府都对其进行了直接的参与规划，严格执行"总体规划、分期实施、循序渐进、逐步发展"的方针政策，紧密配合国家经济政策的转变和骨干产业的发展。

大德科技园区的成功发展，主要有以下因素：第一，坚持技术开发与产业化并重，将园区划分为研发中心及工业中心两大板块并引导其协同发展，重点推进产学研一体化体制机制建设，强调教育研发和技术市场的有机结合，形成"研究机构主担研发，科技企业主担产业化"的良性循环产业链。第二，完善技术交易中介市场，通过建立专业化技术转移中心、健全风险企业集中设施、构建联合研发中心等举措为科研成果的商业化发展提供全方位中介服务，切实解决科技与经济相互脱节的问题。第三，秉持"人才是第一资源"的理念，以美化周边环境、完善基础设施、健全科研支撑体系及多重优惠政策来吸引国内外科技与产业"双栖"优秀人才，同时还推出各类资助项目为产业界培养人才队伍。第四，营造良好创业投资环境，专门设立创业指导培育机构及各类创业基金，鼓励创业者创业并扶持其直至有能力实现自主运营。第五，注重形成园区的产业集聚优势和资源共享优势，建立科研资源和情报的共享平台，实现园区的资源有效整合。第六，注重国际研究合作的对外网络联结，在与世界各国广泛建立合作关系的同时主动在外设立科研合作中心并聘请国外专家对本国科技人才进行培训。

由于大德科技园区各个阶段的发展重点均有所差异，因此其科技创新政策也折射出阶段性发展的不同色彩。在建设规划初期，为实现从单纯模仿国外技术向自主科技创新的转型发展，韩国政府建立了区域创新系统并依托科研院校推出了一系列科技创新政策项目，以及时调整科技发展的战略和方向；在战略转型阶段，科技创新政策逐渐倾向于重视基础创新，结合国际总体发展形势和国内经济发展需要，划分了本国的不同经济发展阶段及其对应的重点行业，并对这些重点行业给予充分的政策支持；在职能拓展阶段，科技创新政策的重点开始转向知识产权保护，通过完善相关法律法规以及拓宽双边、多边国际协定网络来加大知识产权的保护力度。虽然韩国的科技创新政策随着其科技园区的建设转型发生了诸多调整，但是在此过程中，政府的财税政策均起到了明显的激励及引导作用。

（一）注重对创投企业、科技型企业及中小企业的培育和扶持

由于在促进科技创新的过程中，中小企业始终迸发出强大的生命力和活力，因此，韩国政府常用税收减免将创新税收优惠政策的支持重点向中小企业倾斜。在 R&D 费用的税收抵免上，韩国采用的是增量抵免方式，规定中小企业可以在本年度研发费用超过上年研发支出 50% 的部分和当年研发支出总额的 25% 部分这两者中选择较高者作为抵免额，而大型企业可以在本年度研发费用超过上年度研发费用 40% 的部分和当年研发支出总额的 8% 部分这两者中选择较高者作为抵免额。此外，还推出特殊抵免政策，对于涉及政府部门规定的核心技术或战略性新兴产业（如打造机器人、人工智能、3D 打印及航天航

空等）的研发支出，大型企业可按当年研发支出的 20% 来进行税收抵免，而中小企业的抵免额则为当年研发支出的 30%，全力推动企业研发投资能力的提升。同时，韩国政府还规定处在创业期的风险投资企业、技术密集型中小企业可按 75% 对其注册登记的资产和在创业期两年内获得的不动产减免所得税，此外，还能在创业前 5 年享受减半征收企业所得税、财产税和综合土地所得税的优惠。对于企业为进行研发活动而购置的土地、建筑物等不动产，可在 4 年内免征财产税和综合土地税。对于中小企业购买或者转让符合规定的第三方知识产权，可以申请按照购置价格的 7% 或转让该项知识产权所获收益的 50% 进行税收抵免。另外，对在大德科技园区内投资 1000 万美元以上的高新技术企业，可享受企业所得税和个人所得税"两免三减半"政策。对于创投主体，韩国政府采取了双重优惠措施：首先，规定对持有基金份额满 5 年的企业及个人可享受相当于其投入创投基金总额 15% 的税收减免，而且还能享受红利免税优惠；其次，对创投企业因投资高新技术企业而取得的股息红利及股权转让所得可予以免税。

（二）多渠道减轻企业研发负担，降低前期研发风险

为使企业敢于加大研发投入，韩国政府在税收方面给予了大量的政策优惠，多渠道减轻企业的前期研发压力，主要包括推出技术开发准备金制度、新技术推广所需资产投资税金减免或折旧制度、固定资产加速折旧制度、实验研究用样品和新技术开发产品免征特别消费税制度、技术及人才开发费用税金减免制度等，大大降低了企业的前期研发风险。对于企业研发新技术或新产品所需从国外进口的物品，可以在免征特别消费税的同时享受关税减免优惠。因进行技术开发、商标设计等活动而导致的合理据实的研发费用均可按税法规定进行税前扣除。对于企业用于技术研发的试验设备及仪器，可以选择按照投资金额的 5%（国产设备按 10%）享受税金扣除，或者按照购买价格的 50%（国产设备按 70%）进行设备的加速折旧。另外，韩国政府很早就实行了技术开发准备金制度，按照企业类型对税前准备金的提取额作了不同规定：税法中列明的有关行业可按其销售收入总额的 3% 在税前提取技术研发准备金，技术密集型企业为收入额的 4%，而生产资料企业则按 5% 提取，同时还允许这些企业在 3 年内将提取的准备金用于技术开发、信息培训以及有关技术革新投资计

划资金等方面。为鼓励小型企业、私人企业进行科技研发，韩国政府还规定当这类企业在进行国家研究开发计划、工业科技开发、核心基础科技开发及替代性能开发等计划时，政府会对其进行全面覆盖性补助，最高上限可达到这些计划全部研发费用的 50%。

（三）给予充分税收优惠吸引国内外优秀人才

一方面，从企业方面着手，实行税收减免优惠来推动企业通过提供优厚待遇和配套服务来引进人才，鼓励企业实行股权激励来吸引高端人才，规定在 3 年内企业的税收减免额可从每年 1 亿韩元增加到每年 5 亿韩元。通过修订法人税法，鼓励企业增加职工工资和投资，给予企业在税收计税方式上的选择权，允许企业将投资额和股利支付额列入税收扣除范围。同时，为了促进本地企业加大职工培训投入力度，韩国政府规定对于企业用于研究人员的人员经费、技术研发费用及教育培训费等支出，可选择按当年技术及人才开发费用总支出金额的 5% 进行加计扣除，或者以纳税年度的前 2 年相应费用支出金额的平均值作为基数，对超出基数的部分按 50% 予以扣除，且允许在 5 年内逐年结转（资本密集型企业可在 7 年内结转）。另一方面，从直接给予高新技术人才税收优惠着手，从《税收修正法案》公布之日起直到 2019 年底，进一步扩大了外国职员个人所得税特殊低税率的适用范围，规定对在国内高新技术企业或特定科研机构从事科研工作的外国人可享受 5 年的个人所得税减免优惠，对于年薪超过 50 万美元的外国雇员，个人所得税适用税率调低，按 21.7% 征收。除了给予科技人才财政补贴和税收优惠外，韩国政府还打破传统行政习俗，为优秀科技人才配备助理、实验室及完备的配套设施，通过营造良好创新环境及一流研究机构吸引了大批优秀创新人才。

（四）以产学研协同创新促进科技成果转化及产业化发展

为了形成产学研三方联合研发的高新技术创新模式，韩国政府在园区内建设了先进的信息交流平台和共享实验平台，为科技成果转化提供了强有力的平台支撑及中介服务，协助园区企业充分享受技术资源共享带来的正向溢出效应以实现新技术成果的产业化发展。同时，还将产学研合作纳入法律框架下，颁布了《合作研究开发促进法》《科学技术革新特别法》《技术转移促进法》等法律，对园区专门机构组建、经费支持、平台构筑等内容都作了相关规定，把产学研合作正式纳入法制轨道上。在税收优惠政策方面，韩国政府规定，对于先导性技术产品及有助于技术开发的新产品，在进入市场的初期可以享受特别消费税暂定税率，在前 4 年可按基本税率的 10% 纳税，第 5 年按基本税率的 40% 纳税，第 6 年按基本税率的 70% 纳税，第 7 年则恢复按原税率纳税，对科技成果的转化起到了极大的促进作用。另外，对于国内研发的新技术实现产业化需要用到的设备投资，可以按照该项投资总额 3% 的税收扣除，或者按照购买价格的 30% 来实行特别折旧。为协助个人及小微企业实现新技术商业化，韩国政府也对其实施了特别财务援助，给予相当于其研发费用一定比例的财政补贴，补贴额最高达到全部费用的 80%～90%。对于以技术商业化为目的而进行的设备投资，规定可按其投资额的 10% 抵免当年的应纳税额。此外，还规定对申请专利或科技成果转让给本国人的所得可享受全额免征所得税的待遇，而转让给外国人的所得则减半征收所得税。

（五）强调国际科研合作，鼓励学习和引进国外先进技术

韩国从 20 世纪 80 年代起就逐渐开展"科技外交"，推进国际技术合作，通过与别国联合建立国际研究共同体、签订专利保护协定、设立海外研究中心等方式形成了国际创新网络联结，另外还专门设立了"创业基金"，对在园区内创业的创业者采取一视同仁态度，给予迁入大德科技园区的科研机构和高新技术企业特殊政策扶持，为入驻企业的创立、成长到国际化发展提供系列支持。同时，将税收优惠的适用范围扩大，充分体现社会公平，对在韩国设立的外国企业分支机构适用与国内企业一样的亏损结转优惠，每年可抵免当年企业所得税应纳税所得额的 80%，以此吸引大批外国企业在大德科技园区设立科研机构。在引进外资方面，韩国政府大幅放宽了投资领域的限制，允许外国企业对韩国本土企业实行敌对性并购，给予外商在韩投资充分的自由选择权。此外，韩国政府还规定拥有尖端技术的外国高新技术企业在本国投资设厂可享受 7 年免税期限，在免税期结束后的 5 年里还可以享受 50% 的所得税减免优惠。为了进一步吸引外资，韩国政府还将原本仅面向本国居民的税收减免政策适用范围扩大至外国人，规定用于研究设备及新技术产业化的投资可按 5% 减免税收。同时，还加大了新经济增长引擎企业的国外投资优惠力度，规定可按其投资总额的 100% 进行全额扣除。另外，对于本国企业符合条件的技术引进、外

购设备及本国没有的技术专利等还可享受税收减免优惠及30%的财政补贴。

第二节　典型国际科技创新中心建设的税收政策经验总结

通过对以上典型国际科技创新中心及科技园区的介绍分析可以看出，由于不同科技创新中心的建设背景、体制机制、区位优势、资源禀赋、战略规划、发展模式以及历史进程均有较大差异，因此在其发展过程中各个国家采取的科技创新政策也发挥出了不同的效果，但是在这其中仍有很多具有共性的内在接点，每个国际科技创新中心成功建设的背后都蕴含着科技发展的普遍规律，对这些规律进行总结归纳并加以把握，将对我国建设河套科技创新园有所启示和帮助。

一、重视创新法律环境建设

上述国家在推进科技创新中心的建设过程中都极为重视与高新技术产业相关的法律法规体系的构建，均从法律层面对相关政策予以明确，从制度上规范产业创新活动、协调市场有序竞争、营造产业健康发展大环境，从根本上保障高新技术创新成果得以实现和推广。在法制体系的建设上，美国作为创新大国在此方面做得极为突出，力图通过法律的健全来严格规范各类创新主体的市场行为，实现创新活动的有法可依、有章可循，充分体现了其法律体系的健全和市场机制的成熟。日本、新加坡也严格落实了税收法定的原则，形成了一整套完备的法律体系，其中不乏专门为建设科技创新中心而制定的制度规章，韩国也严格依照立法程序将与科技创新有关的税收优惠政策明文列示在法律法规中，以此来凸显税收优惠政策对经济行为的引导作用。总体来看，这些国家在对科技创新法制环境的营造上都极为重视，不仅将各类创新活动纳入法制框架下，而且还依照不同情况对各类优惠对象作了明确的区分，由此进一步发挥出了法律对高新技术的保护作用。

二、重视创新文化氛围营造

虽说创新是社会发展的源泉和动力，但是要使创新实现生生不息、源源不断，最重要的就是营造良好的创新文化氛围，其中囊括了包容、开放、积极进取、不畏失败、集思广益、交流协作、倾听等精神和能力。观察这些国际科技创新中心的发展历程，可发现它们之所以能在世界创新潮流中形成竞争优势，在全球创新之林中屹立不倒，这与其宽容失败、鼓励竞争、敢闯敢试、乐观进取的创新文化密不可分。由于当今世界科技研发的多极化、复杂化特性愈发明显，知识更新随着全球互联网的发展日渐加快，在众多领域的研究上都需要利用跨学科的综合知识，因此，创新文化下形成的开放性学习型社会氛围恰恰就为国家间、企业间、科研人员间的交流合作提供了土壤，无形之中对社会主体间的创新活动进行滋养和抚育，并适时对各类资源、知识、信息的共享加以协调，使得创新更具生命力、活力和延续性。

三、协调政府与市场的关系

由于上述国家的经济体制不同，因此其国际科技创新中心的产业发展模式也有所差异，有政府主导型，也有市场主导型。在这四个典型国际科技创新中心中，美国硅谷是市场主导型发展模式，而日本筑波和韩国大德则具有明显的政府主导色彩，究其原因其实与国家的战略规划和科技创新中心的角色定位有紧密联系。由于美国的市场体系非常完善，因此美国政府在科技创新中心建设过程中的介入程度极低，最大化地保证了市场竞争的自由度。而日本和韩国虽均为资本主义国家，也具备较为完善的市场体系，但是由于筑波和大德这两个科技园区都是在国家传统经济发展模式受到冲击的背景下着手建设的，建设目标都含有科技兴国之意，因此作为推动国家经济转型的重要抓手，筑波科技园和大德科技园的建设都是在政府的直接参与下进行的，其发展兴起也主要得益于政府的政策介入。需要明确的是，虽然发展模式具有政府主导和市场主导之分，但这只是体现在其建设发展的过程中其中一方的作用发挥更为明显，并不意味着某方主导而另一方不作为。不论是美国、新加坡，还是日本、韩国，政府和市场的相互协调、相互配合都是其科技创新健康发展的关键因素。

四、发挥中小企业的重要作用

在科技创新的发展过程中，虽然政府和市场均发挥了重大作用，但不可否认的是，企业才是技术创新的主体。其中，政府的角色主要是促进高新技术产业发展的制度供给者，而市场的角色是便于创新主体进行科研创新活动的信息提供者，这两者都是在为企业能更好地进行技术创新而提供服务，因此在典型国际科技创新中心的建设中，企业的主体地位都尤为凸显。而在众多企业中，中小企业是最具创新活力的群体，因此各国的优惠政策很多都向中小企业倾斜，如给予中小企业加速折旧优惠、对中小企业的研发支出实行较高比例的加计扣除、给予中小企业特别优惠税率等。另外，为了引导创投资金投入科技型中小企业，美国、新加坡等国家也都建立了健全的风险投资机制，通过风投来实现为融资方降低风险、提供长期股权投资及增值服务，同时又给投资方带来高额回报的双赢结果。而且上述国家也基本都采取了集群的形式将中小企业聚合在一起，利用税收优惠政策引导中小企业向产业集群化发展，以此来弥补单一企业基础设施不完善、技术单一等不足，进而充分发挥中小企业的灵活性、技术创新活力和规模效应以实现资源的优化配置。

五、打造产学研协同创新平台

从以上国家的做法中可看出，它们都充分利用了高等院校、科研机构资源汇聚的优势，通过推出不同的政策、搭建不同的平台吸引高新技术创新要素的集聚和组合，形成产学研协同发展模式，有效融合了高校的人才科研优势和企业创新实践需求，同时，充分发挥政府部门产学研创新实践政策法案的支持效应和未来经济社会发展的导向效应，使得各类创新主体在产学研协同创新网络里实现相互协作，将已有科研成果向产业化发展的同时又能进行相互碰撞，催生出新的创新思想、创新产品和创新模式。比如，美国硅谷在数十年的沉淀下形成了以斯坦福大学科技园为主要平台的产学研实践模式，同时，设立了国家科学基金会专门分管基础科学研究和国家创新战略制定工作，并成立了合作研究中心为园区内的企校研究合作提供场所支持，将先进的科研成果转化为现实的生产力；新加坡、日本、韩国等国也在建设科技创新中心的过程中充分发挥了高校的作用，将大批一流院校及研究机构迁入园区内，通过建立专业化技术转移中心、企业孵化器、联合研发中心等方式很好地发挥了大学与科研机构的集群效应和溢出效应，使得资源信息得到充分共享和有效配置，进而达到优势互补、一加一大于二的协同效应。

六、注重人才的引进和培育

由于科技创新作为一种对专业性要求极强的软实力，其实现效果和辐射范围都有赖于专业人才的素质，因此人才是实现科技创新最基本的要素。面对当今社会科技创新发展日新月异的情况，拥有站在世界科技前沿、掌握产业高端技术的科技人才和创新团队就是拥有了科技创新的灵魂。纵观上述国家科技创新中心发展的始终，每个国家都十分注重科技人才、行业专门人才的引进和培育。在重视本国科技人才的培养之余，各国均广泛实施了较为宽松的移民政策、留学生政策等，并从给予人才交流资助、建立猎头体系精准引才、海外引才、柔性引才、联合育才等方面多举并下，构建了全方位的人才引进服务体系。在将人才引进本国之后，为了长期留用人才资源，各国也基本从增强科技人才获得感、完善人才生活保障服务、加强人才发展环境建设等方面多方发力。比如，从国家政策方面来看，各国政府都十分注重科技人才激励，通过设立国家奖项、给予税收减免优惠、开展科技人才专项资助计划等多种措施来加强科技人才的获得感；从具体实践方面来看，美国硅谷、韩国大德等区内科技企业普遍实施了员工持股激励计划，通过建立员工和企业"荣辱与共"的信念来充分激发员工积极性，另外，各国也基本开展了科技人才社会保障资格互认互通计划，为区内科技人才提供医疗保障和子女教育保障等生活保障服务，为科技人才营造良好的生活环境和创新工作环境，形成人才培养、引进、留用的一体化长效机制。

七、强调税收政策支持的全面性和规范性

税收作为国家进行宏观调控的重要工具，在支持科技创新方面所发挥的作用也是其他财政政策不可比拟的。在典型国际科技创新中心的建设上，各国广泛运用了税收优惠政策，且采取的税收政策都各具特色，比如，美国秉持"立法先行"观念，为使科技创新成果得到充分保护，其在知识产权保护和技术转移等方面都形成了十分完备的法律体系；日本因有中小企业集群化发展特色，在税收政策制定上推出了很多专门优惠中小企业的政策法规；新加坡税负

本来就比较低，但在税收扣除和加速折旧方面对创新及科技研发活动都给予了很大的政策扶持力度。另外，上述国家采取的税收政策作用范围都很广泛，从支持对象上来看，都涵盖了中小企业、大型企业、高等院校、科研机构以及个人从事的科技研发和创新活动，基本覆盖了各类科技创新主体；从支持环节上来看，全面覆盖了企业科技创新的全链条，既对企业进行技术创新所需的设备、人才、资金投入等给予了税收优惠，也对企业开展创新研发过程中的R&D 支出推出了优惠扣除规定，还包括了企业进行科技创新成果转化、推广及技术转移等方面的优惠；从支持范围上来看，各国推出的科技创新税收优惠基本都遵循"公平公正"原则，既强调对本国企业自主创新的支持，也重视对跨国企业的迁入鼓励和对国外优秀人才、技术、资金的引进。在税收优惠方式上，上述国家也充分发挥了直接税收优惠和间接税收优惠的互补效应，注重各类优惠方式的协调配合，普遍使用税费扣除、加速折旧、税额减免、投资抵免等方式来减轻企业的税负压力，而且各国的税收优惠环节主要着力点更多倾向于中前期研发环节，事前优惠占比相对更大。同时，在税收优惠政策的效应发挥方面，各国也十分注重市场经济规律和国家产业规划，并非对这些政策进行无限制使用，而是强调政策的适时调整和更新，突出税收优惠政策的规范性和系统性。

八、完善创新基础设施及市场中介组织

科技创新市场中介组织是参与知识创新、科技成果转化的重要环节，在政府、企业、风险投资的产学研合作中发挥着重要的桥梁作用，可以为企业、高等院校、科研机构等协同创新主体提供优质、专业的社会化服务。上述国家在搭建健全的市场中介体系、完善创新基础设施等方面都做了颇多尝试和努力，美国依据不同的执行主体对科技中介机构做了严格的划分，形成了相对完备的科技中介服务体系，为处于不同发展阶段的企业提供了量身定制的个性化服务；新加坡政府也通过制定知识产权保护机制、打造优质创新平台、完善风险投资机制等措施来为本土企业提供优质创新基础设施，为企业创新提供了有力的支撑；日本、韩国也从建立科研资源和情报的共享平台、构建综合性科创基础设施、按园区内功能分区提高各类职能来有力推动了科技成果的研发和商业

化应用。另外，上述国家为给予科技创新充分的资金投入，除了政府投入的财政资金外，还合理利用了风险投资机制。美国的纳斯达克股票市场就是一个成功典范，作为一个为技术创新提供资金支持的股票市场，其为硅谷创业公司提供了诸多上市融资的有利条件；新加坡政府则采用的是与投资者共担风险的方式，以免税补偿风险投资企业的投资损失，以股利回购激励风险投资机构投资新创企业。为引导风险投资资金流向新创企业、中小企业，各国也都形成了较为灵活的风险投资退出机制，为风险资本家和创业者开辟了可供其自主选择的退出渠道，给予了风险投资的滋生和涌入充分的保障。这些功能设施的完善为科技创新企业打造了优质的创新软环境，在科技创新中心的形成和创新网络的构建上发挥了重要作用。

第三节　各国促进科技创新中心建设的税收政策启示

一、充分发挥企业创新主体作用，重点扶持中小科技型企业发展

企业是科技创新的主体，无论是在科技研发、创新还是成果转化上都发挥着重要作用。由于已成规模的大企业、大集团仍占少数，因此科技创新中心的发展不能单靠大企业来支撑，新设企业和中小企业才是科技创新发展的新生动力和竞争性市场健康发展的必要条件。而中小型企业受自身资金流、资产规模、管理体制等固有因素的制约，在融资、争取国家财政资金及补贴等方面有一定的限制，使得其相比那些体制完备、风险抵御能力强的大企业而言更难在激烈的竞争性市场中立足。

从 20 世纪 80 年代起，我国以高新技术作为发展基础的科技型中小企业如雨后春笋般不断发展壮大，逐渐成为推动经济发展、促进产业升级的中坚力量。从 2003 年首次以立法模式明确中小企业划型标准规定起，我国先后颁布了一系列侧重于中小企业的税收优惠政策对其予以支持，并在近年的减税大潮中进一步放宽了小微企业的认定标准、扩大了税收优惠额度，从科技型中小企业的茁壮成长中也能看出这些政策取得了一定成效。但是，当前我国的科技型中小企业不论是在发展规模、创新能力，还是成长潜力上相较于发达国家中小

企业的发展仍有一定差距。究其根源，针对科技型中小企业的税收优惠政策仍存在部分不足是主要原因，主要表现为：一是中小企业的税收立法相对滞后，目前我国已出台的税收优惠政策大多是以通知、暂行条例、法规公告为主，立法规范性程度较低，法律支撑效果有限；二是由于经济发展形势和国家发展规划需要，税收优惠政策变动较为频繁，政策的持续变化使得中小企业难以做长期发展战略规划，在优惠政策的了解和运用上也存在一定的难度；三是税法环境不同，我国中小企业的总体税负水平相较于部分发达国家依旧偏重，"税 + 费"的模式使得中小企业的发展仍存在一定限制；四是税收优惠方式较为单一，直接优惠偏多，享受优惠的对象偏向发展后期企业研发成功或失败的产品，对发展前期企业的支持力度相对较弱，科技型中小企业资金周转难、融资难等情况仍屡见不鲜，中小企业存活率较低；五是征管不力、执行不足使得优惠效果大打折扣，落实程度和地域差异存在一定关联性，使得不同地域中小企业的政策优惠体验感不同，影响科技型中小企业间的公平竞争；六是中小企业投资前端激励性政策不足，与企业成为研发活动主体的政策目标仍存在一定差距。

深圳作为中国的"创客之城"，其中有许多顶尖公司都是从科技创新型中小企业发展而来的，中小企业是深圳最具活力、最为活跃的单元，对深港河套地区的发展也意义非凡，由此，面对我国中小企业总体科技实力不强、研发投入较少、政策支持存在一定不足的情况，我国在建设发展深港河套科技创新中心的过程中更要特别重视对中小企业的创新支持，大力推动中小企业的制度创新、技术创新和管理创新，除了在税收优惠、金融政策等方面给予中小企业特别关注外，还应从法律体系建设、政府科技创新投入等方面为科技型中小企业提供有力的支撑和保障，进而激发中小企业的积极性和创新活力。

二、聚焦于制度创新和有效服务，构建更加完善的创新生态系统

从全球创新发展的实践来看，虽然市场在目前多数发达国家科技创新中心的形成中发挥着主导作用，但是政府仍有很大作用的发挥空间。不管是市场准入规则的制定、经济主体行为的规范还是良好创新环境的营造，政府都发挥着不可替代的作用。科技创新服务型政府不仅体现在相关政策的制定完善上，而

且还体现在推动协同创新工作的顺利实施上，需要扮演好促进产学研协同发展过程中的"引导者""管理者"和"监督者"。

我国虽在税收立法进程中已经取得了较大的成效，已初步建立了高新技术企业税收优惠法律体系，但是仍存在部分问题，如相关优惠条例散见于财政部、国家税务总局以"通知""决定""解答"等形式颁布的各项政策性文件当中，政策制定缺乏总体规划，时而会出现交叉重复、遗漏不全、界定模糊等情况，且效力层次较低，缺乏稳定性，在真正实施过程中易受各种因素影响进而会导致相关市场主体置于被动地位，使得税收优惠效应在一定程度上难以完全发挥出来。另外，作为计划经济体制的残留问题，过去我国政府不论是在产学研各方主体方面，还是在人才方面，都事无巨细地进行着介入管理，直接参与到各项管理规划当中，这种过度管理不仅限制了各方的发展，而且容易使得各方主体形成依赖性和惰性，进而难以形成可随着市场需求变化而灵活变化发展的内在动力。因此，在市场经济高速发展的当下，比起主导产学研各主体的发展，时代更需要的是引导型、服务型政府，政府在促进科技创新发展中应当充分发挥的是其宏观调控作用，管理市场无法调控的事情，在市场主体出现违法违规行为时给予其应有的惩罚来维持有序稳定的竞争环境。

相比之下，观察全球主要科技创新中心的发展历程会发现，这些科技创新中心在正式形成前都拥有相对健全的市场和制度环境，能够让资源要素实现充分流动，并能形成有利于科技创新的专业化制度优势。例如，美国的移民政策、风险投资机制、现代公司制度和大规模生产体系；日本的"师徒制"人才培育机制、产城融合发展机制；新加坡的"双引擎"产业政策等都为其科技创新发展提供了良好的制度支撑和方向指引，并在促进区域内产学研协同创新方面发挥了决定性作用。在此方面，这些国家的政府都充分发挥了引导作用，形成了健全的政府部门职责体系，为科技创新的发展营造了良好的制度环境。由于国外注重形成多元化的科技服务主体，以此来为市场主体从科技研发到商业化的技术创新全过程提供优质服务，进而加强大学、研究机构和企业间的联系，因此随着制度环境的完善，政府的工作重心通常又会逐渐向为科技创新提供有效服务转移，如发展电子政务系统、健全知识产权保护体系、完善金融服务体系、方便企业融资贷款等。由此可见，区域协同创新的顺利实施和创新生态系统的构建关键在于政府,政府要牵头构建高校、企业、科研机构三者交流互通的平台,积极突破阻碍科技创新的体制机制束缚,推动"大学—企业—风险投资—政府"于一体的完整创新生态系统形成,同时搭配专业性服务机构、创新基础设施、风险资本、各类行业协会为科技创新提供良好的营商环境,促进科研成果向商业化、产业化发展。

由于深圳和香港在制度方面存在较大差异,因此在推进两地深化合作时要将制度创新作为突破口,在河套地区的开发建设中打破两地制度壁垒,积极构建更加完善的创新生态系统,充分发挥资源整合优势,同时,要强调政府在服务当中的核心地位,将政府主导向政府引导方向转变,通过提供优质、有效的服务来参与技术开发、基础研发、创新成果商业化等与区域社会经济发展直接相关的科技创新活动,引导更多的社会资源流入到科技创新活动当中。

三、重视税收优惠政策的系统性,积极培育产业创新链条

在国际科技创新中心的制度构建上,政策制定的侧重点不仅局限在解决科技创新活动带来的市场失灵问题,更要解决阻碍企业创新能力持续发展、高新技术企业长足发展的系统性失灵问题。一般而言,重大关键技术、高科技产品的创新都需要经历从基础研究向应用研究发展然后再实现产业化的完整创新链条,因此,想要突破创新过程中的瓶颈期,其关键就在于理顺产业创新链条。

在产业创新链条上主要经历的这三个阶段里,每个阶段所需面临的风险和特征都是不同的,因此想要发挥税收政策的支持作用,需要在支持力度、作用方式、介入角度等方面进行统筹考虑,找准方式和着力点。例如,在前期基础研发阶段,通常具有高风险、高成本、高外溢性等特点,对税收政策的需求最强,在此阶段,政府应以事前激励为主,通过相应的税收政策减轻企业在人、财、物等方面的投资要素成本,尽可能降低企业的研发风险;而在后期产业化、成果化阶段,风险相对较低,此时政府的着力点则应是提高企业税收收益、促进再投资,在税收优惠方式上,应以事后优惠为主。现阶段,我国在激励科技创新的税收优惠政策上,采取的税收优惠方式仍然相对单一,主要是以直接优惠为主,通过降低税率、免税期、减半征收、亏损结转等方式来减轻符合条件的企业所承担的税负,政策优惠更多集中于创新成果的产业链下游,并

未充分结合科技创新企业产业发展的阶段特征来制定针对性的优惠政策，对创新成果正式形成前期的研发、试验阶段优惠较少，政策措施一体化功能效应并未有效发挥。另外，由于我国在支持科技创新方面采取的优惠政策以企业所得税为主，虽然近年来我国在企业加速折旧、研发费用加计扣除等方面作了部分调整，但是总体来看激励效果依旧有限，而且我国现有优惠政策大多适用于特征产业和规划布局内的企业，与企业资质相挂钩，并非与科技创新企业的研发活动直接联系在一起，因此面对前期研发环节巨大的沉没成本，企业往往会对自主创新望而却步。

反观那些世界典型科技创新中心所构建的激励科技创新的税收政策体系，可看出其对税收优惠政策的系统性和统筹性颇为重视，基本是按产业创新链条的三个阶段来制定不同的税收优惠政策以促进科技创新的发展：在前期基础研发阶段，政府通常以鼓励产学研合作、吸引创投资金、研发费用税前扣除、不动产减免等多元化手段降低企业经营风险，同时，搭配固定资产加速折旧等方式减轻企业研发负担；在中期科研成果向技术转变阶段，政府则会加大政策扶持力度，促进企业增加对 R&D 的投入、进行生产设备的现代化更新改造，并以税收减免优惠、鼓励企业实行股权激励政策等方式吸引优秀人才；而到了后期向产业化发展阶段，政策重点会转向提高企业利润率，以设立风险准备金、采取税收抵免等方式促进企业对科技的消化吸收和再创新，实现科研成果向技术转化，再由技术向产业化发展，最后又促进科技创新的良性循环。

由于创新成果的形成所需经历的这些不同阶段和不同环节组合在一起是一个有机的、完整的、循序渐进的过程，整体形成一个"串联体"，每个环节都会影响到下一个环节的进行，因此，税收优惠政策应该兼顾到产业创新链条上的每个阶段。在构建深港河套地区"特色合作平台"时要从科技创新的全产业链视角切入，将税收政策的构建贯彻基础研究、应用研究到成果转化的全过程，同时要找准各个环节的支持重点，形成政策优惠的一体化支持效应，为科技成果转化提供税收政策支撑。

四、坚持开放创新理念，积极融入全球创新网络

随着经济全球化和创新多极化的发展，跨国公司的生产全球化逐渐向研发

全球化升级，人才、资源、资金、信息等主要流量要素也慢慢突破地理界限在全球范围内流动，并集聚在部分地区催生出了不同能级的科技创新中心。在创新全球化的发展中，大型跨国公司在很大程度上主导着全球企业研发，在创新资源配置上也占据着支配地位，因此吸引跨国公司本地嵌入、引进国外先进技术和优秀人才成为建设国际科技创新中心的重要内容。但在资源要素全球流动带来的福利背后也隐藏着许多弊端，如有害税收行为带来的税收利益损失、知识产权在国际贸易中得不到切实保护、人才外流等在国际科技创新中心建设过程中不得不面对和考虑的问题。

国际实践经验显示，通常创新生态系统的开放程度越高会越容易吸引外界关键资源要素向科技创新中心汇聚，进而增强其创新的活力。从全球范围来看，越是知识密集型的区域，这种创新要素集聚的趋势就越明显，这与该区域内的范围经济、社会网络机制、文化认同程度、知识类型、信息传播网络等因素都紧密相关。一方面，由于创新型、科技型企业和创新型人才往往会趋向于集聚或迁移到空间紧凑、基础设施完善、交通便利、有利于创新活动发生的中心城市区域范围内，如果创新区聚集了研发机构、高校、孵化器、企业、中介机构、金融服务机构等，能提供完善的公务服务，则能够为创新资源的紧密联系创造优越条件，进而大大增强区域内科技创新的密度，因此城市文化体系的健全、创新环境的完善、城市功能的完备、产业集群整合力的强大均会对其创新要素集聚能力的提升产生有利影响；另一方面，随着新科技革命和产业变革向纵深发展，区域竞争优势更多体现在人才优势、创新优势、科技优势上，创新要素集聚在某地理区域上并形成"极化"，则该区域会成为产业和经济的制高点。另外，该区域在产业分工中的位置也会和所聚集的知识、创新主体、创新载体的类型挂钩，所以创新要素的汇聚和区域创新环境的完善是相互促进的关系，两者间可以形成一个良性循环。对于新兴经济体内的创新城市而言，建设发展科技创新中心不仅需要科技水平的不断提升，而且需要综合经济实力和创新环境的强大支撑，想要实现能够自我更新、自我发展、自我造血的持续性创新活动，努力营造一个可以充分发挥自身资源禀赋、体制优势的良好创新环境是首要条件。

因此，在创新全球化的背景下，面对全球创新布局会随着经济发展的变化而变化的情况，我国在河套地区的开发建设上要坚持开放创新理念，全方位融入和主动参与到全球创新网络的布局上，通过推动创新空间和城市功能空间的充分融合共享来吸引集聚全球创新要素，以进一步激发社会的创新活力，增强河套地区在科技创新方面的自我造血能力，根植于自身创新土壤的同时引导和利用各方力量来打造创新企业成长的乐园。另外，面对融入国际创新链条可能会存在的风险，也要通过完善相关机制构建来提高风险抵御能力。

第八章

深港河套地区创建全球科技创新中心的税收政策建议

作为处在粤港澳大湾区沿海发展轴的两大枢纽城市，深圳和香港已经具备了雄厚的经济基础和强大的城市辐射服务能力。深化深港合作创新不仅能进一步增强两地创新能级、实现优势互补、共同构建相互支撑的创新产业链及产业价值链，而且能在互利互惠的基础上进一步发挥市场机制，提高粤港澳大湾区的资源配置效率。因此，要在河套地区实现深港科技创新深度融合，应谋划好适应河套地区科技创新集聚效应和协同效应发挥的顶层设计及实施路径，以"制度创新"替代"制度优惠"，充分发挥税收力量助推河套地区全球科技创新中心的创建。结合前文的理论分析、实证分析及国际经验借鉴，本章将从机构设置、制度供给、配套服务及营商环境等方面探索实现资本、人才、科研物资、信息技术等要素自由流动的创新机制。

第一节　建设专业化税收合作协调机构，
推动两地政策相衔接

由于深港两地合作的最大特殊性即表现为要克服"一国两制"背景下社会人文、税收体制、法律框架、货币运行体系等方面存在的差异来实现两地的协调发展。具体来说，在社会制度方面，深圳实行的是社会主义制度，而香港则实行的是资本主义制度；在经济体制方面，深圳和香港都有独立的关税区，且两地在经济自由度、经济发展理念、政府介入程度等方面都存在较大的差异，这些差异的存在可能会使得两地在进行经济合作时因受不同理念的影响而出现政府步调不一的情况。另外，建设具有全球影响力的国际科技创新中心，关键就在于要形成可以促进各类创新主体在互惠共生的合作环境中进行优势互补的全方位、高层次、具有强大生命力的区域创新生态系统，而创新系统的构建又与行政、管治体系存在密切关联性，相关政策的构建和实施、产业的规划和布局、空间的组织和划分、项目的展开和推广均需要通过区域创新体系中的综合组织来落实到具体的操作和实践中去，因此，要注重发挥政府在推动协同创新工作顺利实施过程中形成的主导力量，构建符合创新规范的跨域政府管理协调机制，建立两地的合作推进平台，充分激发深港两地各类创新主体的积极性。

一、成立深港税收合作协调机构

由于政策衔接性不足、科研体制差异较大、城市同质化竞争、税收法律主导思想不同等因素的制约，深港的合作创新存在创新要素流动不畅、创新资源无法实现最优配置等问题，因此，需要成立深港税收合作协调机构，尽快形成可就两地重大税收问题进行平等协商的体制机制。促进科技创新合作现已成为深港两地协同发展的重大议题，因此，两地围绕人员、信息、物资、资金的跨区流动提出了强烈的诉求，但是，目前我国的跨境政策制定大部分仍归属于中央事权，在此方面地方的自由度不高，很多就两地该如何达成协同发展共识的问题都需要在中央层面推动解决，在体制差异下，两地的沟通面临着较大的挑战，需要从国家部委层面和省级层面来实现和香港的对话磋商，缺乏长效的政策沟通协调机制，在此方面还有待创新和突破。另外，目前深港两地在合作方面还未建立相关的法律实施机制，大多是以政府的政策来推动进行，政策的规范性、明确性还有待提高，使得很多合作政策在真正落地时面临种种困难，阻碍了要素的自由流动。

由此，形成深港两地的高效协调机制是突破上述难题的关键。可由相关部委牵头，联合深港两地政府在河套地区成立推进两地税收合作的专业机构，在《关于港深推进落马洲河套地区共同发展的合作备忘录》《深港科技创新特别合作区发展规划（2018—2035 年)》及 CEPA 协议等框架性协议和规划的基础上，完善河套地区有关税收问题的顶层设计架构，推动两地税制统筹，实现深港两地包括税收政策协调、反避税合作机制、跨境税收征管、税务信息共享等内容的税制衔接，突破"两制"制约，实现深港沟通机制的创新。具体可为：一是建设以中央政府统一领导、深港两地政府共同参与的高效协同机制，每年定期组织高层联席会议，就河套地区建设过程中遇到的税收问题、税收难题和发现的重大事项进行有效磋商，并在总结过往的基础上，明确当年的年度工作重点，再协调各有关方来共同推进实施。二是建立深港两地符合规范的跨域政府管理协调制度，推动两地科技创新合作政策、机制和标准的有效衔接，为信息的流动提供便利，重视对河套地区发展日常工作机制和税收协商机制的建设与优化，提高相关部门的层次和权威性，充分发挥出合作协调机构和平台的有效性。

二、健全深港多层次基层交流协同机制

在"一带一路"倡议、科技强国战略和粤港澳大湾区发展战略的作用下，国家对自主创新的需求会比较大，需要有"原创驱动型"科技创新中心作为平台支撑。因此，深港在河套地区建设科技创新合作区的主要功能和发展目标即为打造国际顶尖的原创驱动型科技创新中心，充分发挥两地资源禀赋互补优势，实现两地的长板叠加，塑造引领全球科技创新的内在源动力。对于科技创新来说，异质性能够让创新主体拥有更加广泛的网络，获得更多可以进行信息互通、技术互换、经验互动的机会，而深港两地在创新资源、产业结构、创新能力等方面均存在差异性，这使其内部形成了天然的能级梯队和互补功能，在此情况下，如果推动深港两地共同培育开放、包容、多元的创新文化环境，通过组织共享、资源互换来共同开发新技术、培育新产业，这样能够形成可观的信息和资源积累优势，进而会促进区域范围内整体创新实力的显著提升。这种尊重差异、包容多样的独特创新文化会是深港河套地区创新生态系统发展的灵魂和活力源泉，因此，良好创新生态系统的形成关键在于创新文化氛围的培育。

然而，随着深港科技创新合作的深化，两地的合作形势、领域及环境必然会受到顶层设计的影响。为使顶层设计和基层实践达到有效互动，首先要充分

发挥政府部门、市场部门和民间组织等多元主体的协同效应，建立健全深港高校、科研机构、企业、中介服务机构、行业协会、融资机构、民众等多主体、多层次的基层交流协同机制，积极引导和鼓励社会力量参与到深港的协同创新中来，努力提升河套地区的开放度、容纳度和创新度，为深港科技创新合作营造良好氛围。其次是充分利用中央给予深港河套地区改革创新、先行先试的权限，结合地区发展战略规划和产业创新导向来开展自主创新和自主实践，可在区域协作治理机制方面给予其一定的自主权，加强创新基础设施的共建共享，尽量减少或避免两地因行政差异而产生的创新生态碎片化问题。

三、促进深港创新及科技园与深圳现有创新载体的合作

在经济高速发展下，深圳和香港分别取得了卓越的成绩，也背负了国家在创新发展方面给予其的厚望和使命，但与此同时，深港也逐渐暴露出自身深层次存在的问题。深圳在原始创新和高端创新方面基础相对薄弱，面临着持续创新动力不足的问题，而香港科技成果转化能力弱，在科技研发方面存在"重研究轻应用"的弊端，在发展弹性和抗风险能力上明显较弱。因此，在全球经济区域一体化日趋深入的形势下，应充分发挥深港两地创新能力高度互补的优势，推动两地深化合作和分工拓展，促进深圳应用创新能力和香港基础创新资源的对接融合。但是，深港两地在科研管理制度上存在较大差异，如机构管理、经费管理、项目管理、执行管理、立项评审等都有所不同，且由于内地主要采用审批制度，香港科研人员参与内地项目目前还尚未获得全面准入，必须与内地机构合作才有资格申请相关的国家科研经费，因此两地在创新要素的共享和集成上仍存在一定的局限性，从目前的实践情况来看，香港高校资源多这一优势仍未充分发挥，与深圳企业和技术市场的创新合作仍存在很大的发展空间。

因此，为将两地资源集成优势发挥到最大，应该加强科技合作平台建设，在河套地区构建产学研一体化的创新生态，充分释放深港在协同研发、技术创新、成果转化方面的潜力，打通深港两地"基础研究—技术攻关—成果产业化"全过程的创新生态链。首先，在高等教育方面，推动两地高校在河套地区共建产学研用一体化创新中心和高精尖研究中心，鼓励企业和高等院校、科

研院所在河套地区共同建设科研点，并采取中央政府和深港共建的方式在河套地区布局科研平台与实验装置，推动高校和科研机构研究成果供给侧与企业技术产业化、成果商业化需求侧的有效对接。其次，在基础研究方面，加强与国家级、省级和市级重点实验室、工程实验室和工程（技术）研究中心的合作，推动创新基础设施的开放共享，提升深港创新及科技园的科技成果水平。再次，在企业培育方面，借鉴国家级孵化器、省级创新平台和市级孵化器的先进模式，依托创新平台，打造创新载体，通过完善新业态培育和新技术研发的体制机制来对新产品进行孵化和研制，提升深港创新及科技园的科技成果转化能力。最后，在创新服务平台方面，依靠省级公共技术服务平台和市级公共技术服务平台的技术服务，完善深港的创新中介服务环境，为科技创新发展提供覆盖面广、优质高效的公共服务，提升深港创新及科技园的创新服务水平。

第二节　完善产业导向型税收政策，进一步释放政策红利

在深港河套地区"特色合作平台"的建设过程中，随着合作往纵深方向发展，两地政府不可避免地要提供区域性公共产品，如创新设施的互联互通、便捷通勤往来体系的建立健全、社会保障领域的合作完善、技能资格资质方面的互认互通，这些涉及区域公共产品供给的问题都是两地在实现合作创新向深层次发展所需要面对和有待解决的问题，需要采取开放包容的区域合作方式来加以应对。但由于区域公共产品的受益范围是两个区域的多类群体，涉及的供给主体也具有多样性，在协调调度和资源筹集上存在很大的难度，而单凭市场"无形之手"也难以实现跨区公共产品的有效供给。而深港两地制度、体制方面存在着巨大差异，目前国际形势、地缘局势又面临着很大的复杂性和不可控性，这都加剧了两地在公共产品和服务供给方面的现实操作难度，因此，需要深港两地在财税政策的协调上发挥出更突出更显著的作用，进一步完善产业导向型税收政策，释放政策红利。

一、突破制度障碍，充分挖掘深港各要素应用中的优势互补

香港具有充足的创新智力资源、国际技术设备资源、国际化网络和世界级

资本市场优势，而深圳有发达的技术转移市场、浓厚的创新创业氛围和一定的科技创新需求，两地的创新协同合作发展离不开技术、人才、信息和资本等要素的集聚和整合，因此如何突破制度障碍，将限制创新要素和创新资源在区域内自由流动的制度规定清理废除，在"一国两制"的基础上实现两地的优势互补，是推进深港科技合作的首要问题。由于建设深港河套地区"特色合作平台"是中央支持深圳建设中国特色社会主义先行示范区的重要举措，是丰富"一国两制"事业发展的新实践，这就要求深港要做"敢于吃螃蟹的人"，在区域合作共建的制度探索上要站在更高的起点、更高的层次，落实比特区还特的先行先试政策。而党中央和国务院在强化河套地区法制政策保障、完善河套地区实施机制等方面都作出了重要指示，对深圳在实施改革试点、推进改革深化方面给予了有力的支持，使得深港在破除两地制度障碍，形成两地政策合力方面能够有更大的信心和施展空间。

因此，在推进两地合作时要辩证看待深圳和香港的竞合动态关系，充分发挥深港河套科技创新合作平台作为粤港澳大湾区唯一一个以实现科技创新为主题的特色合作平台优势。首先，要系统梳理出深港两地在制度上存在的不同价值判断，对两地的制度差异和可能存在的矛盾冲突在进行全面梳理的基础上再加以系统解决，分类协调两地在认识层面、实践层面存在的差异，充分发挥两种制度的优势和特长。其次，要清除妨碍深港两地市场一体化建设的税收制度障碍，积极推进深圳"互联网＋"与香港自由港、独立关贸区的有机结合，规范奖励性政策的管理与实施，以整体思维推进两地的税收合作深化，逐步协调深港两地税制差异，破除跨境税收壁垒。同时，还要充分考虑两地业务往来的税收一致性问题，避免出现跨域工作者和跨区企业"两头纳税"问题，加大避免双重征税相关政策的力度。另外，还要加强促进科技成果转化的税收优惠力度，搭建深港信息交流平台和实验共享平台，为深港产学研一体化合作创新提供制度保障和平台支撑，畅通两地科技成果转移转化链条。利用深港地缘优势，以打造河套地区科技创新园为契机，推动深港科技创新合作进入优势互补、深度融合新阶段。

二、推进关税协调，探索区域内进出口货物贸易的自由流通

根据《香港特别行政区基本法》规定，香港保持其自由港地位，除法律

有特殊规定外，对进出口货物一律不征关税，其对应课税品课征的税项相当于内地的消费税，仅对甲醇、酒类、烟草和碳氢油类四种商品的进口、制造和销售征税。而深圳实行的是中央统一关税管理，除对部分特殊商品给予税收优惠外，其余商品均按中央规定税率征收。2003 年，中央政府与香港、澳门特别行政区分别签署了《关于建立更紧密经贸关系的安排》（以下简称 CEPA）协议及一系列补充协议后，内地与港澳间的关税与非关税壁垒逐渐取消，对地区间的贸易往来和投资给予了更大的便利。而内地与香港于 2019 年 11 月签署的关于《〈内地与香港关于建立更紧密经贸关系的安排〉服务贸易协议》修订协议作为 CEPA 协议框架下的其中一分子，进一步提升了内地对香港在服务贸易方面的开放水平，且该协议于 2020 年 6 月 1 日起正式实施，实施后除内地在相关国际协议中作出的特殊承诺产品外，将对原产自港澳地区的产品全面实施零关税。虽然 CEPA 协议通过数年的更新丰富现已发展成为一份全面且现代化的自由贸易协议，但是由于协议中规定的关税协调仅限于内地和原产港澳的货物而并不涉及原产自第三国的货物，因此此类货物进入深港两地的关税差异较大，不利于货物贸易的自由流通。

基于此，可以关税协调为前提，延用前深港自贸区相关税收政策，促进资源要素在区域内的自由流动。此外，加大深圳对第三方国家和地区的关税优惠力度，以河套地区为轴心对区内鼓励发展的软件企业、先进制造业、集成电路企业、科技创新企业、科技型中小企业等企业实施政策性关税减免优惠，进而缩小两地间的关税差异，尽量实现深港跨域企业进口货物成本的趋近。另外，还可通过在特殊区域实施"物理围网"监管模式，让企业在围网内专门从事保税加工业务，由海关进行封闭式的监管，进而实施更加灵活的关税政策。与此同时，为了培植和扶持高新科技产业的发展壮大，可对其符合要求的从境外购入大型科研设备、寻求跨境金融服务等给予免征或缓征关税的优惠待遇，推动科研设备通关的便利化，制定可与深港两地企业及高校研究所之间进行科研合作相适应的研发物流通关便利政策，对科研物资、仪器设备、实验材料的跨境运输和使用给予保税等特殊通关优惠，进而提升区域科技创新能力。

三、前置优惠环节，强化流转税激励效应助推科技成果转化

要素流动是实现深港合作创新、融合发展的必要前提，由于香港以直接税

为主，并未对商品及服务等征收流转税，也不存在增值税，而深圳的税收制度基本遵循全国统一的原则，在税收体系中间接税占据主要地位且税率水平较高，但凡是在我国境内涉及销售货物或提供加工、修理修配劳务、销售服务、无形资产、不动产等的纳税人均要缴纳增值税，这使得两地的税制结构差异较大，在间接税税负方面前者具有明显优势。而我国在"减税降费"浪潮中数次调整了增值税税率，内地增值税最高税率已由17%降低至13%，目前增值税是13%、9%和6%三档税率并存状态，从统计数据来看，我国近年的减税效果显著，大大降低了纳税人的税收负担，但是相比之下，内地增值税税率仍旧处于较高水平，不利于生产要素在深港两地实现高效流动。另外，结合国际典型科技创新中心的税制结构和我国已进入经济新常态的社会背景来看，以间接税为主的税制结构并不利于充分发挥税收在调节居民收入分配、激励社会科技创新等方面的作用，因此，在推进两地深入合作的进程中，简化内地间接税税种，继续深化内地增值税改革是实现深港两地税收协调的一大重要目标，为了缩小两地税负差异，流转税制在河套地区也需实现协同创新。

在全国性的税制改革深化进程中要继续简化间接税税种，推进增值税由三档税率简并为规定有标准税率和低税率的两档税率，通过增强税收中性来促进税制公平。与此同时，为了实现深港两地在税负方面的相对平衡，可给予两地政府一定选择权，在双方达成共识并获中央认可的情况下，对增值税及消费税设置以目前执行税率为最高上限的税率区间，或者针对河套地区的开发形成一批低税率产品的清单，在尽可能缩小两地流转税税负差异的同时，在河套地区实现较低的税负率，营造在全球最具竞争力的营商环境。另外，由于间接税在税制结构中占据主导地位的这一情况在短期内无法改变，因此要进一步加强流转税对科技创新的支持力度。为提高科技成果转化率，应加大投入型税收优惠政策的比重，充分发挥流转税的激励效应，可借鉴软件行业增值税优惠政策，在其基础上扩大优惠适用范围，对其他鼓励性行业也实行即征即退政策以减轻企业税负。同时，还要前置优惠环节，推动现有增值税抵扣制度的改革创新，给予区内鼓励性企业特殊优惠政策，如对于区内以创新开发、科技研发为主，购进进项少、抵扣少的软科学企业，准许其将人力成本支出作为增值税的抵扣项目来进行进项税额的抵扣，并将优惠重点向降低企业科技成果转化风险转移，重点关注企业进行科技成果转化的开发补偿及研发试验阶段，根据产业创新链条的各环节发展差异来制定灵活且有导向性的流转税激励政策。

四、形成产业优势，激励企业在研发产出后进行商业化运营

形成产业优势、提高产业竞争力是增强区域创新能力的重要内容。在对企业进行科技创新的政策支持上，深圳以财政转移、提供税收优惠为主，研发前期多以研发费用加计扣除方式来为企业研发减轻负担，在后期知识产权转化阶段则多以税收减免来给予优惠，对居民企业转让技术、转让软件著作权等均规定有相关减免政策；而香港则更多从加快固定资产更新和折旧、允许更多抵扣项目的申报及抵扣方面发力，在研发前期同时采取税收抵扣和加计扣除政策来吸引企业投资科研，而对于研发后期知识产权转化方面并未作过多特殊优惠规定，且在高校科研体系评估考核机制上存在重学术研究轻成果转化的趋向，也并未形成良好有效的区域创新网络，科研机构和市场、企业之间存在一定的"断联"。因此，为使香港的研发能力和深圳的科技成果转化能力得到充分发挥，实现两地科技创新的深度融合，要充分利用税收手段来加快实现知识产权的转化和应用，激励企业在研发产出后进行商业化运营。由于河套科技园区的规划明确要"以微电子、人工智能、生物医药、新材料为重点产业发展方向"，为推动这些重点产业形成区域优势，应实行更特殊的产业鼓励政策。

在改革开放之初，深圳曾在中央的大力支持下创造使用了具有其自身特色的特殊税收优惠政策，以5%左右的极低宏观税负一度成为当时最具发展潜力的营商环境，这为其后续的飞速发展创造了良好条件，而后经过全国税制改革，目前深圳的税收制度及宏观税负已基本和全国持平，对高新技术企业的主要税收优惠是减按15%税率征收企业所得税。而香港具有企业所得税性质的利得税基本税率为16.5%，最低档优惠税率仅为8.25%。从国际典型科技创新中心的发展来看，营造较低的税负环境是形成明显区域竞争优势的关键，因此要降低深港河套特色合作平台的区域宏观税负，可对注册在河套地区的鼓励类产业减按10%的税率征收企业所得税，并在此基础上实行"五免十减半"，同时，可规定对河套地区内进行的跨境技术转让、跨境提供科研服务及劳务等行为免征企业所得税，以此来突出河套地区科技创新合作平台特色。另外，为

推动科研成果转化、提高知识转化效率，可以借鉴美国《贝多法案》的做法，给予大学在是否保留政府资助的科研成果所有权方面的选择权，如其选择保留，可以向第三方转移科研成果并取得相应技术转移收入，而政府只对其提取一定的税收，以此来提升高等院校及科研机构在科研成果转化方面的积极性。在此基础上，还可借鉴实施"专利盒"制度国家的相关经验，设计多层次知识产权税收优惠政策，根据知识产权的获取时间、途径及价值来划分不同层次并形成优惠力度递增的梯度式税收结构，同时可将河套地区作为试点先行区，扩大知识产权转化的税收优惠适用类别及收入类别，放宽政策适用条件，减少企业在知识产权转化与商业化过程中的税费支出，进而激励企业在研发产出后的商业化运营活动。

五、突出企业主体，加大创投企业及初创型企业的政策扶持力度

科技创新中心的建设离不开企业这一创新主体，在推进深港创新合作的进程中应突出科技企业、中小创企业、创投企业等企业的主体地位。对此，内地新政策给予了创投企业可自行选择核算方式的选择权并规定对中小企业股份转让系统挂牌公司股息红利实行差别化个人所得税政策，体现了"创投税赋总体不增"的原则，另外，深圳还根据特定企业、行业、区域构建了多层次宽领域的基金群体系，在支持中小企业科技创新方面，我国于2019年先后发布了关于"地方税种和相关附加减征政策有关征管问题"和"小规模纳税人免征增值税政策"等公告，充分体现了对中小企业的税收优惠支持；而香港仅对企业源于本地的所得征收税率极低的利得税，并在此基础上设置了创新及科技基金、科创培育计划等对科技企业及中小创企业的扶持基金和不同类别的创投基金，同时，为充分鼓励本地企业进行科技创新，香港特区政府还充分发挥财政政策激励作用，在采购制度中加入了创新及科技相关的要求，通过加大财政投入促进各部门借助科技来提升服务水平。由此可看出，两地均有较为丰富的企业扶持政策，但是为了突出平台政策更佳、优惠更大的优势，在河套创新合作平台的建设上需要深港两地形成政策扶持合力，以更加优惠的政策吸引此类企业入驻。

因此，为加强河套地区创投政策关联性，可给予创投企业长期股权投资的

资本利得一定的税收减免优惠，鼓励创投的长期性和积极性，并深入推进深港两地的资金互通和基金互认，积极扶持园区内创新创业载体，对各级各类实验室、创新中心、研究中心等创新载体和孵化器、众创空间、加速器等创业载体给予补贴支持，并依托各类创新创业载体为企业提供全方位科创孵化服务，为科创企业的茁壮成长提供支撑。由于目前我国对这些企业主要是从企业所得税角度来进行政策扶持，在适用范围和适用条件上仍存在一定局限性，因此要从扩大适用范围、加大优惠比例等方面来加以优化，如对于将资金投入区内需要重点扶持和鼓励的创投企业，可给予此类创业投资按其金额的一定比例抵扣增值税应纳税额的税收优惠。另外，可构建深港中小科技创新企业孵化器，加大对初创型企业及中小创企业的间接优惠力度，实施以固定资产加速折旧、R&D费用扣除、亏损结转、提供科技发展准备金及对技术开发基金允许税前列支等以税基式优惠为主的间接优惠方式，发挥税收政策对企业创新的引导作用，以充分调动企业从事科研活动及技术开发的积极性。

六、打造人才高地，以税收优惠吸引国内外高端人才

人才国际化是区域国际化的重要衡量指标，在推进深港两地合作创新时应以个人所得税的税收优惠政策为基础制定专门的高端人才引进政策。香港以收入来源地原则征收薪俸税，总体税负不超过收入的16%，其税制设计充分体现了社会性因素并设置了多种扣除项目，在税率设置上具有较大的灵活性，同时还视家庭状况设有不同的起征点，极大地减轻了香港地区纳税人的税收负担；而内地个税新政策虽然提高了免征额度并设立了专项附加扣除项目，但与香港相比依然内容繁杂、分类较多，边际税率较高，在税收负担和税收遵从成本方面都比香港高。同时，内地个人所得税是按居民税收管辖权和收入来源地管辖权作为双重标准征收，虽然个税新政保留了对无住所个人来华后在居民身份和非居民身份判定方面的税收优惠政策，但是深港合作创新不可避免会有人员流动，区域内跨境频繁的人员必定会涉及居民身份认定和个人所得税征管问题，容易加重人才流动的税收负担和非税成本。因此，按照国家将河套地区合作发展为"深港创新及科技园"的规划要求，应重视解决人才流动可能会带来的双重征税问题，同时，可赋予其"比特区还特"的特殊政策，将其作为

国际人才引进试验田和人才制度先行示范区，努力打造具有国际竞争力的人才制度优势。

首先，在妥善处理个人所得税双重征税问题方面，建议在不改变税收居民认定内容的前提下简化税收居民的认定程序，尽量降低跨境人才为身份认定做各项举证所需付出的非税成本。其次，可明确河套地区人才认定标准，制定人才引进清单，并以此为依据，对符合标准的人才给予工作及生活方面的税收减免优惠。在人才流动和专业技能资格资质认定方面，可给予符合条件的科研人员签证方便的人才卡，并采取培训等多元途径来推进两地专业技能资质的互认互通，为实现两地科技创新人才的畅通往来提供便利，还可以在河套地区划出一片特定区域，对香港专业人才进行区域试点来率先探索出解决香港人才"同城同待遇"的方法。再次，简化调整个人所得税，将累进税率减并为三档，降低边际最高税率，可借鉴香港薪俸税扣除项目，对在河套地区工作的跨境人才所缴纳的个人所得税试行增加专项附加扣除项目，进而吸引更多境外人才融入河套地区的开发建设中。最后，适当调高科技开发创新等高端人才的工薪收入起征点，鼓励企业对做出突出贡献的科技人员实施技术入股、股权奖励或分红权激励，并给予此类奖励减免税优惠。可充分利用现行税法中的"省部级奖励免税"，将"超税负返还"改为市级奖励，此外，还可实施个税补贴，将河套地区高新技术企业、创新型企业和创投企业年薪达一定标准的高层技术、管理人员 5～10 年实际缴纳个税的市留成部分全额奖励个人用于创新创业，以此来强化对新时代高科技人才的个税激励作用。

七、创新政策支持，充分协调推动深港两地金融互补发展

金融是现代经济的核心，深港河套科技创新园区的发展需要依靠金融服务的全面支持。由于深圳目前的行业准入和市场监管模式主要依赖于政府审批，而香港则更加注重行业自律，两地在推进合作时势必会在资质互信互认、金融风险防范、跨业监管等方面存在一定难度。而两地在金融税法方面也存在一定的差异，近年来，我国内地的金融税法虽然随着金融市场的发展进行了一系列的修改和完善，但是现阶段专门对金融机构给予的税收优惠政策还是相对较少，主要是在鼓励投资、发放贷款等特定业务开展时才可享受，整体来看，目

前内地的金融税法是相对滞后于金融市场发展的，在税法规制上存在一定的真空地带。而香港为了吸引国际资本则实行了相对简单的税收制度，而且香港特区政府目前并未对股息和资本利得征税，这就为在香港经营的金融机构和离岸金融业的发展营造了一个整体税负水平较低的税收环境，与此同时，为了消除金融工具和金融交易在税收方面的不确定性，香港还制定了一系列补充条款、税务条例释义及执行指引，明确了各类金融工具及金融交易在现行税收法规中应适用的规则和条例。因此，为了给河套科技创新平台内各类企业发展营造良好的金融环境，要充分利用香港国际金融中心的优势，使其与深圳以深交所为核心的资本市场紧密融合，在各自发展优势的基础上搭配结构性税收政策调整，在尽量避免两地金融业同质竞争的同时推动金融税法规制的协调和完善，提高其在执行和遵循方面的确定性和透明性。

对此，首先要充分认识两地金融税法差异，可结合两地在资本市场融合进程中所发生金融交易及其所使用金融工具的具体特点来定期发布关于金融创新税收服务的相关指南，帮助区域内金融交易参与者了解金融税法的相关政策，增强政策的普及性。另外，还应着力从制度协调、准入门槛、规则认定等方面推进两地金融创新发展，可在河套地区试点构建深港风投、创投合作网络，推动风投、创投基金以及私募股权基金的跨境交易，建立并完善风险监测体系，全面把握深港金融创新的监管尺度。同时，积极支持金融信贷行业的创新，出台针对融资机构贷款的税收优惠政策，给予帮助科技型企业融得研发资金的金融机构一定数额的财政补贴，并鼓励境内外金融机构、风险投资公司等融资机构加大对高新科技企业、中小科技型企业的资金投入，增强风投、创投网络对科技创新及成果转化的支持和促进作用，以推动科技型中小企业进行产融对接和转型升级。另外，建立完善的科技金融服务体系，鼓励风险投资公司将获取的利润对高新技术企业进行再投资，并对其实行再投资退税政策，同时还可以适当降低香港金融机构进入内地的准入门槛，甚至实现以"零门槛"进驻河套科技园区，简化相关审批程序，充分发挥香港证券业金融机构方面的优势，联合深圳证券业金融机构推出创新型金融产品，实现两地金融业的联动和深度合作。在深港现有金融结构的基础上进行两地的充分协调，促进金融科技创新与优势产业的深度融合，努力实现深港两地金融的互补发展。

第三节　提升一体化税收管理服务水平，
加强税收征管协调

深圳和香港作为两个长期引领我国经济增长的城市，经济总量巨大，发展水平较高，拥有的纳税人规模较大，城市经济体的影响范围较广，涉及的税种数量也较多，因此在税收服务方面也表现出相对较高的需求层次，进而对于税务部门的征管水平和信息化程度也会提出更高的要求。一方面，由于深港两地不论是在税制体系设置上、治税理念上，还是在税收征管模式上都存在较大差异，两者之间并不存在领导和被领导的关系，两地税收征管权限上存在的矛盾和冲突势必会影响税收优惠政策的发挥效果，进而会为两地形成税收政策合力带来内部挑战。另一方面，深圳和香港都是经济体量很大的城市，属于全国经济最为活跃的城市，两地间资源跨区流动频繁，在税收征管方面则会表现出征管对象多元化、征管难度加大、不可控性加强、税务信息难以获取等特征，但是要建设发展世界级科技创新中心，促进要素间的跨区流动，则这些问题都需要在深港推进两地税收协调进程中得到克服和解决，这又给深港合作创新带来了一定的外部挑战。随着两地的产业融合向深水区迈进，涉税业务的边界会变得愈发模糊，由于税收征管模式的差异会在客观上决定两地的税收合作是否会从局部合作、特殊税种合作向全面合作方面发展，因此，要加强深港两地的税收征管协调，提升其一体化税收管理服务水平。

一、健全税收法治

由于内地税法和税收政策的制定权主要集中在全国人民代表大会及其常务委员会和国务院，在不抵触国家税收法律法规的前提下，虽然部分地方人大及常委会以及地方政府也可制定某些地方性的税收法规和规章，但是立法权高度集中于中央，地方税收立法权极为有限。而香港由于其特殊的行政模式，具有独立的立法权。在香港，财政司、库务局是财政税收政策的制定者，有权统一制定包括税收法律在内的法律，同时也享受对税法的解释权，而税务局作为财政司的下属行政机关，仅是以征收部门的身份来为市民解决税款征缴事宜，在税收政策制定上可自主发挥的余地也很小，只能就部分税收法规修改问题向财政司提出相关的意见和建议。对比香港和内地的税收征管法，目前内地征管法律法规在税收管理方面仍处于完善阶段，相对来说还未形成十分健全的征管体系，而香港虽在税制方面较为"宽松"，但在税收征管上表现出执法严格、应收尽收态度，对涉税争端进行上诉的受理部门也是独立于税务局以外的税务上述委员会，因此极大地降低了税收征管工作的随意性。另外，对比两地的其他税收法律法规，就科技创新来说，内地的税收优惠政策大多散落于各种通知规定当中，法律层次较低，作用发挥有限，存在庞杂、混乱等弊端，而香港的税收立法较为健全，政策制定严谨细致，便于执法，具有较强规范性。

因此，为了能使税收优惠政策的激励效应在最大限度内发挥出来，要着力推进我国的税收法治进程，落实税收法定原则，提高科技创新相关税收优惠政策的立法层级，加强科技税收优惠的整体规范性和透明性。总体来看，可以在结合我国目前产业政策、经济结构和所有制结构调整的经济发展新形势，推动科技税收政策的单独立法进程。从提高河套科技园区的政策优惠性方面来看，可在"一国两制"和"依法治国"的方针指导下，丰富和落实各项税收优惠政策，健全园区内的税务中介制度和税务机关内控机制建设，加强政府职能部门、司法部门及各类中介机构之间的合作，以共同构建税收司法保障体系，实实在在地降低园内企业的税费负担。从企业角度来看，在已有激励研发创新的企业所得税优惠政策基础上，为入驻深港创新及科技园的境内外企业提供更加优惠的政策，进一步降低园内企业的税费负担。从个人角度而言，可实施更为优惠的个人所得税优惠政策，吸纳更多的创新人才，形成深港创新及科技园的人才洼地。

二、简化统一征管流程

在税收征管机构设置上，自2018年党的十九届三中全会审议通过《中共中央关于深化党和国家机构改革的决定》后，我国改革了国税地税征管体制，将省级以下（包括省级）国地税机构进行了合并，实行以国家税务总局为主和省（区、市）人民政府双重领导的管理体制，提高了整体的纳税服务水平和税收一体化管理水平。而香港采取的是一级税制，即政府一级财政体制下设置一级税务机关，在"局长直辖科"的领导下设立五个执行分科，各税务机构各司其职，总体呈现征、管、查三线分明的征管原则，形成了相互制约监督的征管机制。而在税收征管的过程中，内地主要实行的是主动申报制度，在纳税申报书的内容填写、提交期限、申报方式和申报程序方面均作了详细规定，程序上有一定复杂性。香港则是将通知申报制度和评税制度相结合，为征纳双方搭建了良好的沟通平台，以辅助纳税人进行高效缴税，降低税款少报、错报、不报的可能性。

总的来看，深圳和香港存在各自的税务征管体系，在税收征管机构设置和征管过程中采取的税收征管制度上都存在较大差异，而税收征管是保证实体税政顺利实施、税收优惠有效落实的重要环节，为使税收征管实现协调创新，首先，要搭建深港两地的税收征管合作平台，构建税收管理方面的合作互助机制，共同研究两地税收征管协调合作问题，并就相关合作措施的落实和进展实行定期跟踪，切实解决两地在税收征管合作进程中遇到的难题。其次，应简化统一征管流程，提升河套地区税收征管的一体化站位，实现从注册、资质认定、税款征收到咨询服务等全方位、无障碍征管服务，鼓励纳税人跨境开展经营活动。加强两地税务部门的合作，统一政策执行和准入门槛口径，避免税收执法程序不当，充分释放征管体制改革红利，为跨境经营纳税人提供多语种咨询服务。建立河套地区特色税收优惠政策信息库，为纳税人提供政策宣传和政策解读服务。

三、推进税务管理信息化

在深港两地合作共建河套科技创新园的过程中，由于两地的政府和税务机关都处于相互独立的状态，在一定程度上会存在沟通较难、效率较低、合作成本较高的问题，面对两地税收管辖权采取标准的不同，为了尽量避免出现双重征税和双重不征税的情况，就必然会涉及跨境纳税人涉税信息的掌控。在此方面，香港本地在税收征管中对纳税人涉税信息的保护可谓是极其严格，不仅对纳税人的基本纳税情况实施严格保密，而且对纳税人的税收违法行为也采取了统一的保密措施，而内地为了充分发挥税收违法案例对广大纳税人的教育警示作用，对纳税人基本纳税信息采取保密之外，还明确规定了纳税人的税收违法行为信息不属于《纳税人涉税保密信息管理暂行办法》中所列的信息保密范围。由此可看出，两地在涉税信息保护方面的思维角度并不太一致，可能会给两地的税收征管深度合作带来一定的挑战。

由于税务信息的掌控会影响到纳税服务的质量，信息交换不到位极有可能会造成纳税人纳税身份判断有误，进而会增加纳税人的非税成本，甚至可能会因信息滞后、认定办理耗时过长等原因而产生罚款和滞纳金，加大纳税人对税收征管的负面情绪。因此，为了提高纳税服务水平，基于效率原则应加快河套地区的税收征管信息化建设步伐，对深港两地纳税人实行同口径的税收信息采集和管理工作，建立深港两地税务部门及有关经济部门的信息交换机制及共享机制，夯实信息交流基础，深入开展税收情况交换，以便两地的税务部门迅速掌握跨境纳税人的第一手信息资料。另外，可以建立税收信息交换平台，对于上传至平台的纳税信息管理数据实行"一地上传两地共享"，进而对企业收益的实际地点和纳税情况进行有效监督。可借鉴香港先进的征信机制，对深港两地的税务信息进行整合，充分运用互联网技术优化跨境税源管理，并以此为切点，推动深港两地的税收征管合作和税收信息交换，提高税收征管服务的效率水平。同时，增加涉税风险筛选服务及税收优惠政策推送服务，充分利用数据库分析筛选功能，对不同类型的纳税人提供有针对性的定向服务，加强税收服务的专业化、智能化和科学化。

四、构建智能办税服务体系

随着现代数字信息技术的高速发展，经济社会的信息化、网络化、智能化程度不断加深，电子商务、互联网金融等新兴经济业态逐渐在世界范围内兴起并实现了蓬勃发展，跨境电商的出现使得交易不再局限于某一特定地理区域，而跨境支付的普及更是使得资金流可以在世界范围内实现相互流通。由于传统经济多以实体经济为主，在传统经济下，税务机关可以依法对纳税人的经营场地进行纳税检查，并通过检查相关企业的涉税凭证、纸质发票等来对企业进行有效监控，进而能更直接地对企业信息进行把控。而互联网经济具有高流动性、强虚拟性等特征，涉税交易可能会出现跨国界的情况，难以对纳税人实际经营状况进行准确掌握，不易进行税源管控。因此，面对涉税边界的模糊化，传统税收征管模式逐渐显现出与新经济、新业态发展的不适应。

为使税收征管效率提高，应在深港河套地区建立现代化税收征管模式，创新征管理念，实现税务部门征管能力和信息化程度的同步提升。应积极推动"互联网＋税务"模式在深港税收征管方面的应用，建立以线上自主申报办税为主、线下实体办税为辅的办税服务模式，将互联网办税渠道扩大到涵盖涉税信息查询、税务办理、税款缴纳、查验证明、缴费认定等功能，通过提供线上信息服务、建立涉税数据库等方式来最大限度解决征纳双方信息不对称问题。可借鉴珠海横琴首创的可视化自主办税"V-Tax"平台，借助银税互动来为跨境纳税申报缴款提供全方位的服务。另外，取消传统备案审批制，加快推进实体办税大厅向自助办税终端转移的进程，实现纳税人"网上填报，即时享受"，同时，还可将线上申报、区块链发票普及推广、跨境电子税票开具等功能相互联结，进一步优化税收服务的资源配置，在缓解实体办税大厅业务压力的同时提高办税效能，缩短办税时间，减少纳税成本，打造集手续少、用时短、服务优于一体的便捷化一站式办税服务平台。

第四节　打造与国际接轨的营商环境，对接全球创新网络

复杂多变的国际形势、粤港澳大湾区的建设背景、一河之隔的界限距离、城市内部产业结构和发展模式的日趋固化等因素，使得深圳和香港这两座城市的名字总是被联系在一起，40 余年的互动为这两座城市的成长留下了对方的印记，两地的竞合关系也始终影响着双方产业经济和城市空间的发展变化，面对国家开放性发展大局和改革开放进入新阶段的形势浪潮，深港深度融合逐渐被提上日程。建设深港河套科技创新园区不仅是两地合作深化的标志，而且是解决我国香港社会问题、促其繁荣稳定发展的重要途径，更是我国为提高科技创新能力、将粤港澳大湾区建设成为世界级创新发展高地的重要举措，因此对河套地区的开发打造不能仅局限于其对深港两地的影响，而是应以更开阔、更宏观的视角去看待，将其放到整个开放大局当中去考量。从世界典型科技创新中心的发展经验可看出，这些创新城市都秉持着开放态度，很大程度上是依靠开放创新生态系统来实现经济的持续健康发展，并以此催生出大批创新主体和

创新成果。借鉴其成功经验，我国在建设河套科技创新园时也应始终保持开放态度，打造与国际接轨的营商环境，集聚世界各类优质创新要素和资源，发展形成一个具有强大生命力并能和国际创新网络相对接的创新生态系统。

一、推动深港知识产权协同发展

目前，我国的知识产权保护体系还尚未完善，对知识产权保护的力度和效果都还远远不够，虽然近年我国知识产权的发展呈良好势态，但和其他知识产权强国相比仍呈现出数量多但质量低、规模大但收益小的特点，因此不论是从国际形势来看还是从国内环境来看，加强我国的知识产权保护、建设具有中国特色的知识产权保护体系都是实现我国技术、经济更快更好发展的重要一环。

知识产权作为推动创新发展的核心制度，也是确保深港河套科技创新园能够发挥出其科技创新轴心作用的重要支撑，然而由于深港两地存在法域差异，不同法域间的区级知识产权法律也存在冲突，使得深港知识产权的权力授予条件、受保护的专利类型、授予程序、侵权救济措施等都存在一定差别，阻碍了两地知识产权保护的对接与协调。因而在深港合作创新进入新阶段的当下，应当积极推动两地知识产权协同。首先，建议在河套地区建立深港知识产权合作领导和工作机制，积极探寻两地知识产权政策协调点，还要进一步深化两地知识产权跨区执法协作，探索更高效的争议解决途径，同时，鼓励两地发挥各自的区位优势，共建以企业、知识产权服务机构、高校、金融机构、保险机构为多主体的知识产权资源共享平台，实现知识产权信息数据在河套科技园区的自由输出。其次，在河套地区构建以"广深港"为轴心的湾区知识产权运营平台，充分发挥河套科技创新园区在建设广深港科技创新走廊过程中的"关键一环"作用，促使深港两地在知识产权保护方面形成合力，在粤港澳大湾区发展战略和"一带一路"建设规划下推动以知识产权进出口为特征的国际贸易的充分发展，努力提升深港两地的科研成果转化水平和效率，为企业自主知识产权的发展营造适宜的环境。

二、加强深港两地反避税协调

随着国际贸易的蓬勃发展，跨境税收问题逐渐得到重视，自 20 世纪 80 年代起，国际上就陆续出现了区域性税收仲裁机制，欧洲委员会和经济合作与发展组织于1988年签订的《多边税收征管互助公约》在2010年向全球国家开放后便逐渐成为国际社会进行税收情报交换的主要标准和依据，而2017年世界多国签署的《实施税收协定相关措施以防止税基侵蚀和利润转移（BEPS）的多边公约》也对税收仲裁机制的相关规定作了进一步的阐述和拓展。从国际典型税收协调实践来看，基本是在充分尊重各国税收主权的前提下针对国际间逃避税问题进行的税收协调，而深圳和香港属于一个主权国家内部的两个税制区域，由于深港两地的实体税法、税收征管体制和税收征管权限均有不同，在两地经济相互渗透之际必然会伴随涉税争议的产生，若不加以有效解决，长此以往的必然结果便会是造成深港河套地区内部发展的不协调。另外，随着"一带一路"国际合作范围的不断扩大，我国企业"走出去"的机会越来越多，范围也越来越广。一方面，跨境纳税人可能会利用地区间实体税政的差异和税制漏洞来逃避税款，以最大限度减轻自身跨境经营的总体税负；另一方面，国际间税收管辖权的重叠也可能会使"走出去"企业的税收利益受到侵害，因此不论是从什么角度，加强深港两地的反避税协调都具有很大必要性。

由于内地在税务争议解决方面主要有两种途径：一是申请税务行政复议；二是提起税务行政诉讼。香港在行政、立法、司法上都自成体系，具有解决税务争议问题的独立机制，而两地面对税务争议管辖权和税政使用上的冲突，短期内难以建立统一的司法仲裁机构，因此，很有必要在河套地区构建有效的税收仲裁平台，充分运用税收协定建立健全深港双边磋商机制，明确两地的涉税争议解决渠道和诉讼权限等相关问题，积极探索和解决深港跨境税收争议问题，同时，要进一步借鉴BEPS行动计划的相关成果来及时完善区域内的各项税收安排，推动两地深化反避税合作。另外，还要在河套地区努力完善纳税人权益保护机制，着力解决纳税人因跨境、跨国进行经贸活动而产生的税收争议及重复课税问题，开辟专门渠道以解决纳税人的国际税务纠纷，降低"走出去"企业的税收维权风险，为企业进行科技创新和走向世界提供有力保障。

三、完善深港创新及科技园的营商环境

粤港澳大湾区是我国首个在国家层面确认并大力发展的湾区，在推动我国

的对外开放中发挥着带头和引领的作用，不论是从经济实力、创新能力还是开放程度来看，粤港澳大湾区都已经具备了建设成为世界一流湾区和科技创新高地的良好基础，而建设深港河套科技创新园是将粤港澳大湾区发展成为国际科技创新中心的重要环节，对粤港澳大湾区的整体建设意义非凡，因此，深港两地的创新融合要紧紧围绕粤港澳大湾区的发展战略，遵循国际一流湾区的经济发展规律，坚持开放合作、互利共赢理念，充分发挥粤港澳大湾区的优势，推进深港创新及科技园的特色合作平台建设。

由于科技创新需要一个稳定公平、信息透明、要素可自由流动、风险可预期的营商环境，因此要加强深港两地的政策协调和规划衔接，创新完善各领域开放合作体制机制，促进深港优势互补，实现共同发展。并要以"一带一路"科技创新行动计划作为发展契机，加强深港两地城市功能区的合作拓展，充分发挥深圳和香港这两个特区城市作为对外开放窗口、国家科技创新主引擎的优势，在既有合作基础上，全面深化改革，推动重点领域和关键环节改革取得新突破，破除影响要素自由流动的瓶颈和制约，促进各类要素在深港创新及科技园内便捷流动和优化配置，充分释放深港两地的创新活力。同时，还要大力发展河套地区的科技服务行业，建立可以覆盖产业创新链条的科技创新服务体系，充分发挥"一国两制"的制度优势，构建可以和国际环境接轨的制度、服务和文化环境，全面对接国际高标准的市场规则和服务准则，优化整体营商环境，建立产业联动、资源互通、信息共享、功能互补的科技创新生态体系，通过发挥示范效应来辐射和带动整个粤港澳大湾区的科技创新资源整合。

参 考 文 献

［1］白积洋．"有为政府＋有效市场"：深圳高新技术产业发展 40 年
［J］．深圳社会科学，2019（5）：13－30，155．

［2］白彦锋，贾思宇．粤港澳大湾区经济一体化发展与税收协调研究
［J］．财政科学，2019（7）：5－15．

［3］蔡昌，林高怡，薛黎明．粤港澳大湾区跨境税务焦点及税收合作研
究［J］．税务研究，2019（11）：60－65．

［4］蔡宏标．高新技术产业税收优惠政策的国际比较以及对我国的启示
［J］．中国国际财经（中英文），2017（6）：18－19．

［5］曹锦阳．关于粤港澳大湾区文化创意产业集群发展策略与探究［J］．
经济研究导刊，2018（33）：31－39，41．

［6］陈昌龙．税收政策支持产业集群的机理分析［J］．安徽工业大学学
报（社会科学版），2014，31（4）：9－10，17．

［7］陈东，法成迪．政府补贴与税收优惠并行对企业创新的激励效果研
究［J］．华东经济管理，2019，33（8）：5－15．

［8］陈伟仕，王晓云．完善前海深港自贸区税收政策体系的探索［J］．
税务研究，2014（9）：74－76．

［9］陈远志，张卫国．粤港澳大湾区科技金融生态体系的构建与对策研
究［J］．城市观察，2019（3）：20－35．

［10］陈远燕．财政补贴、税收优惠与企业研发投入——基于非上市公司
20 万户企业的实证分析［J］．税务研究，2016，381（10）：34－39．

［11］储德银，纪凡，杨珊．财政补贴、税收优惠与战略性新兴产业专利

产出 [J]. 税务研究, 2017 (4): 99 - 104.

[12] 储德银, 杨姗, 宋根苗. 财政补贴、税收优惠与战略性新兴产业创新投入 [J]. 财贸研究, 2016, 27 (5): 83 - 89.

[13] 戴明杰. 粤港澳大湾区背景下深港高等教育合作的现状特征与战略定位研究 [J]. 教育现代化, 2019, 6 (95): 134 - 135.

[14] 丁旭光. 提升广州科技创新水平 推动粤港澳大湾区国际科技创新中心建设 [J]. 探求, 2020 (2): 33 - 38.

[15] 董凡, 关永红. 完善我国企业知识产权转化的税收优惠制度探析——以国际减税趋势下欧洲 "专利盒" 制度为鉴 [J]. 经济问题, 2018 (5): 23 - 29, 58.

[16] 段杰, 张智立, 龙瑚. 创新型城市发展模式分析及创新能力评价——以深圳为例 [J]. 开发研究, 2016 (1): 58 - 63.

[16] 邓群. 支持中小企业科技成果转化的税收政策研究 [D]. 江西财经大学, 2019.

[17] 方苑, 朱佳立. 税收负担制约了企业创新吗?——基于资源约束视角的研究 [J]. 财会通讯, 2019 (27): 116 - 119.

[18] 付伯颖. 中小企业创新激励税收优惠政策的国际比较与借鉴 [J]. 国际税收, 2017 (2): 56 - 59.

[19] 顾建平, 陈鹏, 李建强. 韩国大德科技园区的发展及其推动技术转移的启示 [J]. 中国高校科技, 2014 (6): 58 - 61.

[20] 郭滨辉, 成慕杰. 国际税收协调经验对粤港澳大湾区的启示 [J]. 财会研究, 2018 (11): 15 - 20.

[21] 郭澄澄. 新加坡从全球自由贸易港转型为全球创新中心的启示 [J]. 华东科技, 2017 (4): 46 - 49.

[22] 王义平, 夏志胜, 吴静怡. 税收视角下的粤港澳大湾区创新协调发展 [J]. 国际税收, 2019 (6): 50 - 53.

[23] 何国勇. 深圳建设国际科技、产业创新中心研究——硅谷的经验与启示 [J]. 城市观察, 2018 (2): 105 - 121.

[24] 胡丽娜. 降税与投入结构变化对我国科技创新的激励效应仿真

[J]. 企业经济, 2020 (3): 76-82.

[25] 黄非, 陈红彦, 李弘扬, 慕何青. "一带一路" 倡议背景下的粤港澳大湾区协同发展——第一届粤港澳 "一带一路" 倡议论坛: 强化大湾区优势互补 (2017) 会议综述 [J]. 华南理工大学学报 (社会科学版), 2018, 20 (1): 21-29.

[26] 黄群慧, 王健. 粤港澳大湾区: 对接 "一带一路" 的全球科技创新中心 [J]. 经济体制改革, 2019 (1): 53-60.

[27] 靳睿, 于畅, 姚李亭. 深圳产学研一体化的经验分析与政策建议 [J]. 现代管理科学, 2018 (6): 73-75.

[28] 江希和, 王水娟. 企业研发投资税收优惠政策效应研究 [J]. 科研管理, 2015, 36 (6): 46-52.

[29] 邝永珍, 丁宁宁. 发挥深港优势 建设湾区科技创新高地 [J]. 高科技与产业化, 2018 (9): 27.

[30] 雷宇, 李万仙, 谢琼, 等. 专业科技企业孵化器公共技术服务平台研究 [J]. 云南科技管理, 2018, 31 (4): 1-4.

[31] 李大明, 尹磊. 支持自主创新: 税收政策之比较——以韩国、印度、新加坡和台湾为例 [J]. 涉外税务, 2006 (10): 36-40.

[32] 李蓬实. 粤港澳大湾区背景下深圳创新能力研究 [J]. 城市观察, 2019 (4): 41-50.

[33] 李香菊, 杨欢. "一带一路" 倡议下激励科技创新的税收政策研究 [J]. 经济体制改革, 2019 (1): 154-160.

[34] 李一鸣. 我国国家自主创新示范区体制创新的国际比较与实现路径 [J]. 河南社会科学, 2019, 27 (12): 75-82.

[35] 李子姮, 姚洁. 税收支持科技创新: 理论依据和政策完善 [J]. 税务研究, 2018 (9): 11-16.

[36] 李烃, 姜梦楚, 陈敬, 等. 基于 AHP-FCE 模型的珠海进出口公共技术服务平台运行能力评价实证研究 [J]. 科技管理研究, 2017, 37 (3): 119-124.

[37] 李维安, 李浩波, 李慧聪. 创新激励还是税盾? ——高新技术企业

税收优惠研究 [J]. 科研管理, 2016, 37 (11): 61 – 70.

[38] 梁燕君. 加快高新技术产业发展税收政策的国际经验及借鉴 [J]. 市场经济与价格, 2015 (7): 43 – 46.

[39] 刘放, 杨筝, 杨曦. 制度环境、税收激励与企业创新投入 [J]. 管理评论, 2016, 28 (2): 61 – 73.

[40] 刘建华. 深圳如何补短板 [J]. 小康, 2019 (36): 24 – 26.

[41] 刘芹, 张永庆, 樊重俊. 中日韩高科技园区发展的比较研究——以中国上海张江、日本筑波和韩国大德为例 [J]. 科技管理研究, 2008 (8): 122 – 124, 130.

[42] 刘涛, 谷青勇. 粤港澳大湾区国家战略下如何全面深化深港合作 [J]. 中国发展观察, 2018 (15): 15 – 17, 62.

[43] 老亨. 落马洲 + 前海, 两大创新支点助粤港澳大湾区腾飞 [N]. 证券时报, 2017 – 12 – 11 (A03).

[44] 廖晓东, 袁永, 胡海鹏, 邱丹逸. 新加坡创新驱动发展政策措施及其对广东的启示 [J]. 科技管理研究, 2018, 38 (10): 53 – 59.

[45] 柳光强. 税收优惠、财政补贴政策的激励效应分析——基于信息不对称理论视角的实证研究 [J]. 管理世界, 2016 (10): 62 – 71.

[46] 宁红玉. 深港科技创新合作的对策建议 [J]. 开放导报, 2016 (1): 74 – 77.

[47] 林江. 粤港澳大湾区建设与区域财税政策协调 [J]. 财政监督, 2018 (17): 26 – 31.

[48] 林宇, 何舜辉, 王倩倩, 胡小立. 新加坡创新型城市的发展及其对上海的启示 [J]. 世界地理研究, 2016, 25 (3): 40 – 48.

[49] 卢纯昕. 粤港澳大湾区知识产权创新协同机制研究 [J]. 中国发明与专利, 2019, 16 (6): 10 – 15.

[50] 骆瑶. 促进科技企业孵化器创新发展的税收优惠政策探究 [J]. 财会学习, 2020 (12): 185 – 186, 188.

[51] 马海涛, 姜爱华. 促进科技成果转化与产业化的税收支持方式研究 [J]. 税务研究, 2010 (8): 3 – 7.

［52］毛艳华．粤港澳大湾区是"一带一路"建设的重要支撑［J］．中华建设，2019（5）：10－11．

［53］彭敏．高新技术产业发展及其财政效应研究［D］．华中科技大学，2005．

［54］钱飞鸣．深港河套地区孕育科创明珠［N］．深圳商报，2018－10－23（A03）．

［55］钱万强，江海燕，墨宏山，等．基础研究在创新型城市建设中的地位与挑战——以深圳为例［J］．中国基础科学，2017，19（1）：41－49．

［56］宋凤玲，王文清．韩国税收优惠政策最新调整及对我国的启示［J］．国际税收，2017（5）：72－76．

［57］孙凯．研发投入对区域创新能力的影响［J］．现代经济探讨，2019（6）：14－21．

［58］孙莹．国际税收法案激励企业科技创新的新特征与趋势［J］．科技进步与对策，2015，32（21）：126－130．

［59］王敏杰．面向科技中小微企业的普惠性税收政策国际经验与启示［J］．华东科技，2015（7）：26－30

［60］王乔，黄瑶妮，张东升．支持科技成果转化的财税政策研究［J］．当代财经，2019（7）：28－36．

［61］肖兴志，王伊攀．政府补贴与企业技术投资决策——来自战略新兴产业的经验数据［J］．中国工业经济，2014，318（9）：148－160．

［62］王寿群，曾卓，师念．前海自贸区：金融服务实体［J］．中国外汇，2019（18）：37－39．

［63］王喆，张文明．破除体制机制"中梗阻"推进深港科技创新深度融合［J］．中国经贸导刊，2019（24）：53－56．

［64］魏素敏，王敬英，顾玲琍．日本筑波管理模式对我国科技园区的启示与借鉴［J］．安徽科技，2019（9）：17－21．

［65］伍红，郑家兴．固定资产加速折旧、厂商特征与企业创新投入——基于高端制造业A股上市公司的实证研究［J］．税务研究，2019（11）：34－40．

［66］巫强，刘蓓．政府研发补贴方式对战略性新兴产业创新的影响机制

研究 [J]. 产业经济研究, 2014 (6): 41 - 49.

[67] 谢琳, 李奇. 香港回归二十年以来知识产权管理和制度变迁 [J]. 中国发明与专利, 2017, 14 (12): 41 - 46.

[68] 谢炜聪. 粤港澳大湾区科技企业孵化器5.0时代的公共服务供给——基于广东的研究 [J]. 科技经济市场, 2020 (3): 141 - 144.

[69] 许利民, 朱科勇. 深港合作开发河套自由贸易区探论 [J]. 经济前沿, 2006 (10): 27 - 29.

[70] 许鲁光. 在粤港澳大湾区建设中深化深港合作创新 [J]. 开放导报, 2017 (4): 32 - 36.

[71] 许洪彬, 胡祎萌, 王涛. 香港特区政府科技创新政策研究——基于香港特首2017年施政报告分析 [J]. 全球科技经济瞭望, 2018, 33 (3): 5 - 8.

[72] 徐建斌. 财税政策激励企业技术创新的国外研究进展 [J]. 税收经济研究, 2019, 24 (5): 34 - 41.

[73] 徐维军, 付志能. 粤港澳大湾区金融财税政策研究 [J]. 华南理工大学学报 (社会科学版), 2019, 21 (4): 1 - 16.

[74] 薛超, 胡先杰. 科技创新投入对科技创新绩效的影响效应研究——以扬州市为例 [J]. 中国集体经济, 2013 (19): 57 - 58.

[75] 薛钢, 曹晓青, 李淑瑞. 我国税收负担水平对社会创新创业影响的实证分析 [J]. 财政监督, 2019 (8): 81 - 85.

[76] 杨乐, 宋诗赟. 税收激励对企业技术创新的影响研究 [J]. 中国注册会计师, 2020 (7): 69 - 74.

[77] 杨旭东. 环境不确定性、税收优惠与技术创新——基于我国中小上市公司的实证分析 [J]. 税务研究, 2018 (3): 86 - 91.

[78] 叶玉瑶, 王景诗, 吴康敏, 等. 粤港澳大湾区建设国际科技创新中心的战略思考 [J]. 热带地理, 2020, 40 (1): 27 - 39.

[79] 余碧仪, 黄何, 王静雯. 国际三大湾区科技人才发展经验对粤港澳大湾区的启示 [J]. 科技创新发展战略研究, 2019, 3 (3): 45 - 50.

[80] 余泳泽, 张少辉, 杨晓章. 税收负担与"大众创业、万众创新"——来自跨国的经验证据 [J]. 经济管理, 2017, 39 (6): 162 - 177.

［81］袁家龙，倪慧群，韩雨辰，等．粤港澳大湾区高校科技创新发展浅析及建议［J］．科技创新导报，2020，17（3）：239－240，242.

［82］张舰，程楠．港深共建创新及科技园：粤港澳大湾区协同发展的排头兵［J］．中国工业和信息化，2019（5）：74－75.

［83］张杰，陈志远，杨连星，新夫．中国创新补贴政策的绩效评估：理论与证据［J］．经济研究，2015（10）：4－17.

［84］张盼盼．粤港澳大湾区建设国际金融创新中心的新机遇探略［J］．创新创业理论研究与实践，2019，2（23）：108－109.

［85］张维今．国外鼓励中小企业产业集群财税政策对我国的借鉴［J］．沈阳大学学报（社会科学版），2016，18（2）：167－171.

［86］张文春．税收政策在促进高新技术产业发展中的作用及其机理分析［J］．中国人民大学学报，2006（1）：59－64.

［87］张颖莉．深圳人才国际化发展现状及对策建议［J］．中国人事科学，2020（4）：66－73.

［88］周小玲，龚新蜀．政府财政与金融市场对区域自主创新能力的影响［J］．华南农业大学学报（社会科学版），2020，19（2）：84－95.

［89］朱东山．香港落马洲河套地区发展再思考［J］．特区经济，2019（3）：34－36.

［90］朱莉，袁丹．深圳国际人才引进障碍及对策研究［J］．特区经济，2020（1）：14－17.

［91］Kasahara H, Shimotsu K, Suzuki M. Does an R&D tax credit affect R&D expenditure? The Japanese R&D tax credit reform in 2003［J］. Journal of the Japanese and International Economies, 2014 (31): 72－97.

［92］Irem Guceri. Will the real R&D employees please stand up? Effects of tax breaks on firmlevel outcomes［J］. Int Tax Public Finance, 2018 (25): 1－63.

［93］Mukoyama T. Innovation, imitation, and growth with cumulative technology［J］. Journal of Monetary Economics. 2003, 50 (2): 361－380.

后　记

2019 年，赶上深圳市政府探讨改革开放经验成果、挖掘创新发展动力的契机，本人申报的《深港河套地区创建全球科技创新中心税收政策研究》有幸入选深圳市哲学社会科学年度课题，在此基础上，进行深入和拓展研究形成了本书。

从课题申报、课题研究到本书的形成过程中，得到了许多前辈、同仁及朋友的指导和帮助。他们有：国家税务总局深圳税务局的胡优良、包屹沁、王亚楠、周丹；江西财经大学财税与公共管理学院的匡小平、张仲芳、熊小刚；江西财经大学深圳研究院的吴良平、詹政、罗丽；江西财经大学博士、硕士研究生郑家兴、熊娟娟、倪诗慧、温书涵、白孟君、王雨桐；经济科学出版社顾瑞兰编辑。此外，王乔博士生和助理研究员黄瑶妮博士生在本书的架构、资料收集整理及撰写方面付出了辛勤的劳动。本书撰写和编辑过程中还得到许多朋友的支持和关心，无法一一列明感谢，书中借鉴参考了许多前辈和同仁的思想，也未能一一具名，在此对他们致以崇高的敬意和谢意。

由于水平有限，本书的错漏、不足之处在所难免，敬请专家、学者及读者们不吝赐教，予以批评指正。

伍　红

2020 年 10 月